A-Z BARNS[TAPLE]

Key to Map Pages	2-3
Map Pages	4-35

Index...
Villag...
and s...

REFERENCE

A Road	A39
B Road	B3138
Dual Carriageway	
One-way Street Traffic flow on A Roads is also indicated by a heavy line on the driver's left.	
Road Under Construction Opening dates are correct at the time of publication.	
Proposed Road	
Restricted Access	
Pedestrianized Road	
Track / Footpath	
Residential Walkway	
Railway	Station / Level Crossing / Tunnel
Built-up Area	WEST RD.
Beach	
Local Authority Boundary	
National Park Boundary	
Posttown Boundary	
Postcode Boundary (within posttown)	
Map Continuation	16
Car Park (selected)	P

Church or Chapel	†
Cycleway (selected)	
Fire Station	■
Hospital	H
House Numbers (A & B Roads only)	98 77
Information Centre	i
National Grid Reference	²45
Park & Ride	Barnstaple P+R
Police Station	▲
Post Office	★
Safety Camera with Speed Limit Fixed cameras and long term road works cameras. Symbols do not indicate camera direction.	30
Toilet: without facilities for the Disabled with facilities for the Disabled Disabled use only	▽ ▽ ▽
Viewpoint	
Educational Establishment	
Hospital or Healthcare Building	
Industrial Building	
Leisure or Recreational Facility	
Place of Interest	
Public Building	
Shopping Centre or Market	
Other Selected Buildings	

SCALE

1:15,840
4 inches (10.16 cm) to 1 mile
6.31 cm to 1 kilometre

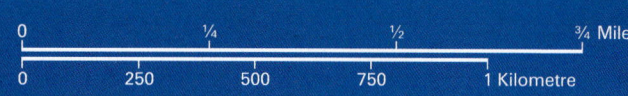

A-Z AZ AtoZ
registered trade marks of
Geographers' A-Z Map Company Ltd.

www.az.co.uk

EDITION 3 2015
Copyright © Geographers' A-Z Map Co. Ltd.
Telephone: 01732 781000 (Enquiries & Trade Sales)
01732 783422 (Retail Sales)

© Crown copyright and database rights 2015 OS 100017302.

Safety camera information supplied by www.PocketGPSWorld.com.
Speed Camera Location Database Copyright 2015 © PocketGPSWorld.com

Every possible care has been taken to ensure that, to the best of our knowledge, the information contained in this atlas is accurate at the date of publication. However, our work is entirely error free and whilst we would be grateful to hear of any inaccuracies, we do not accept responsibility for loss or damage resulting from reliance on information contained within this publication.

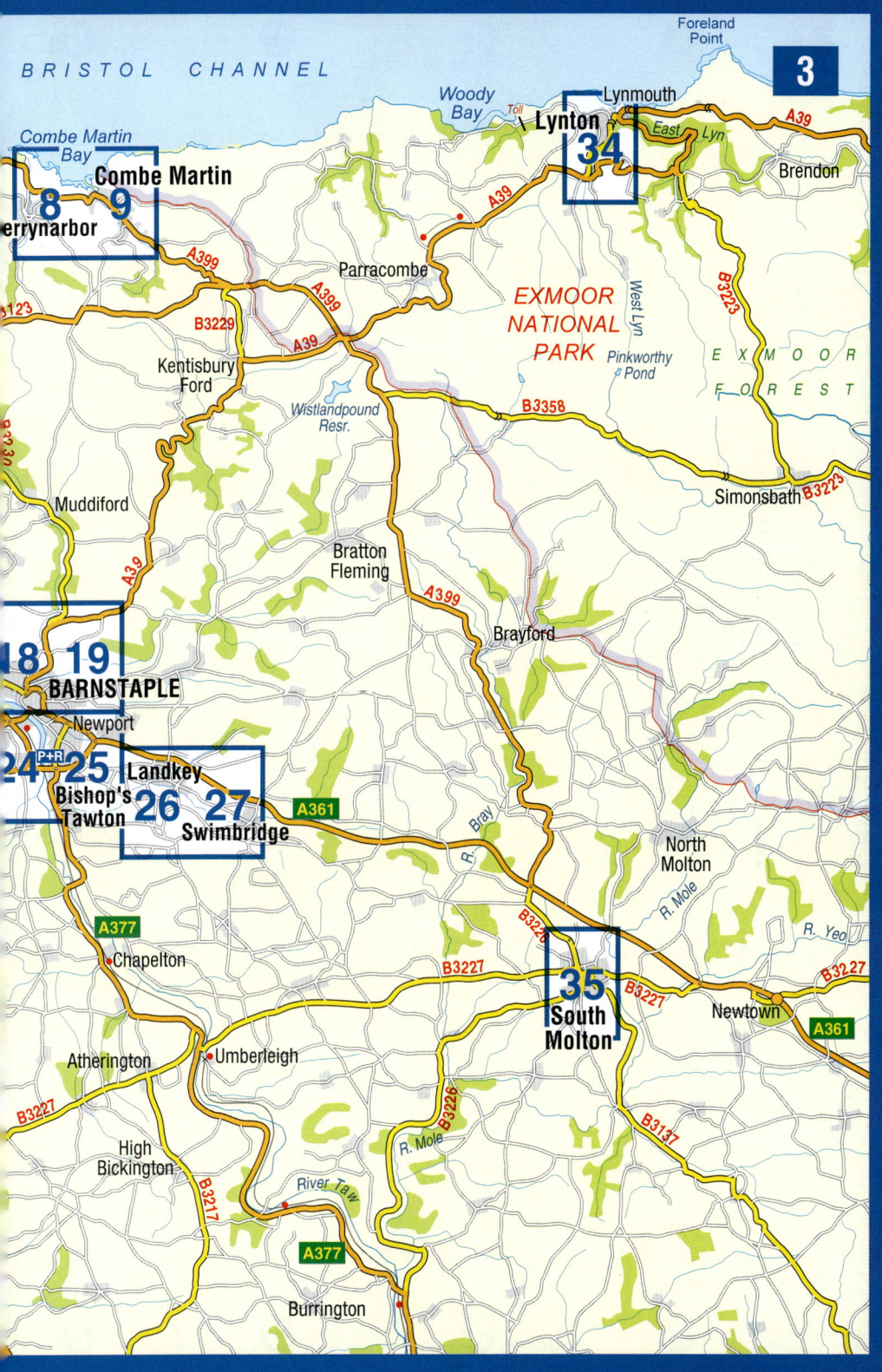

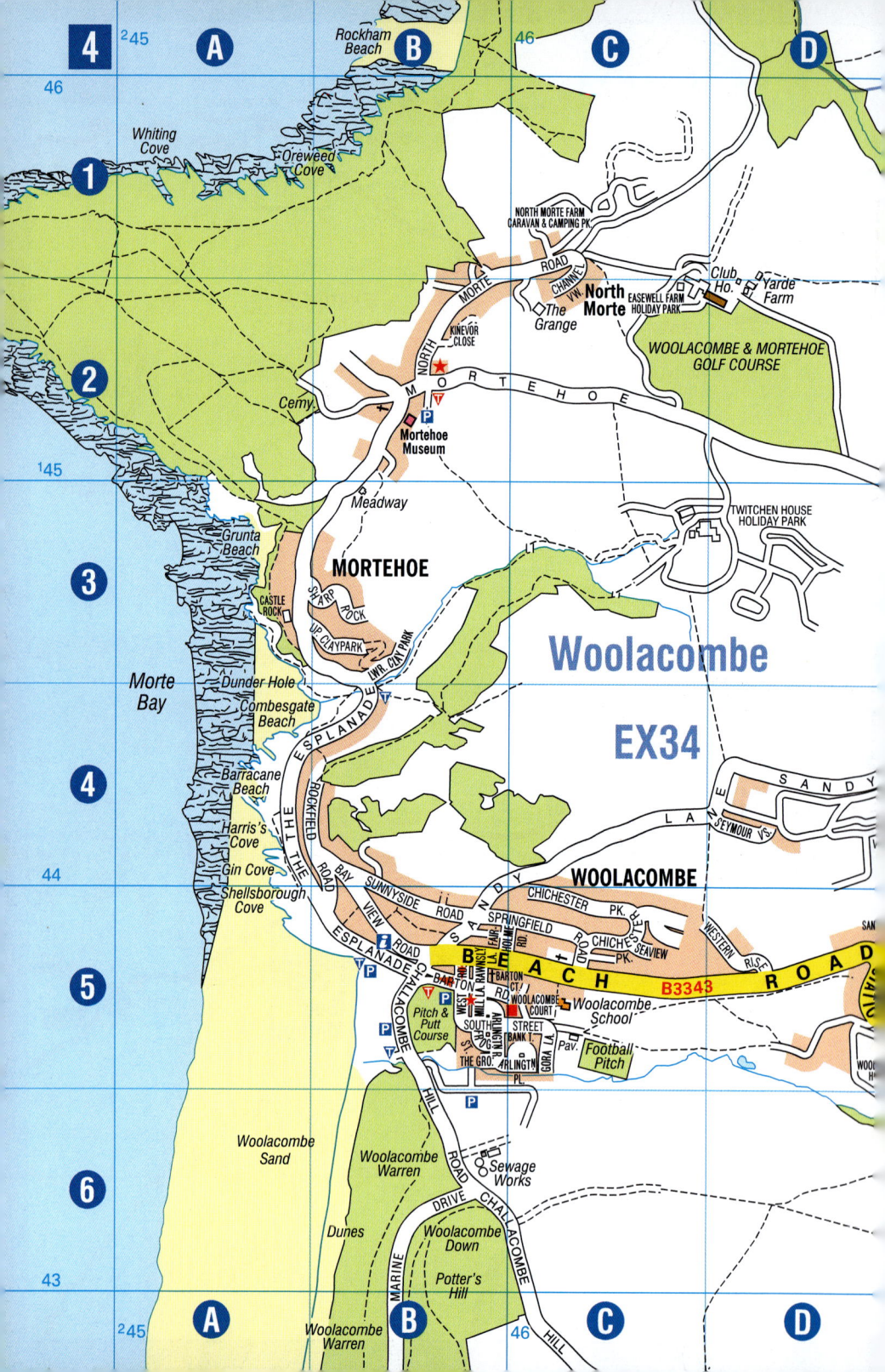

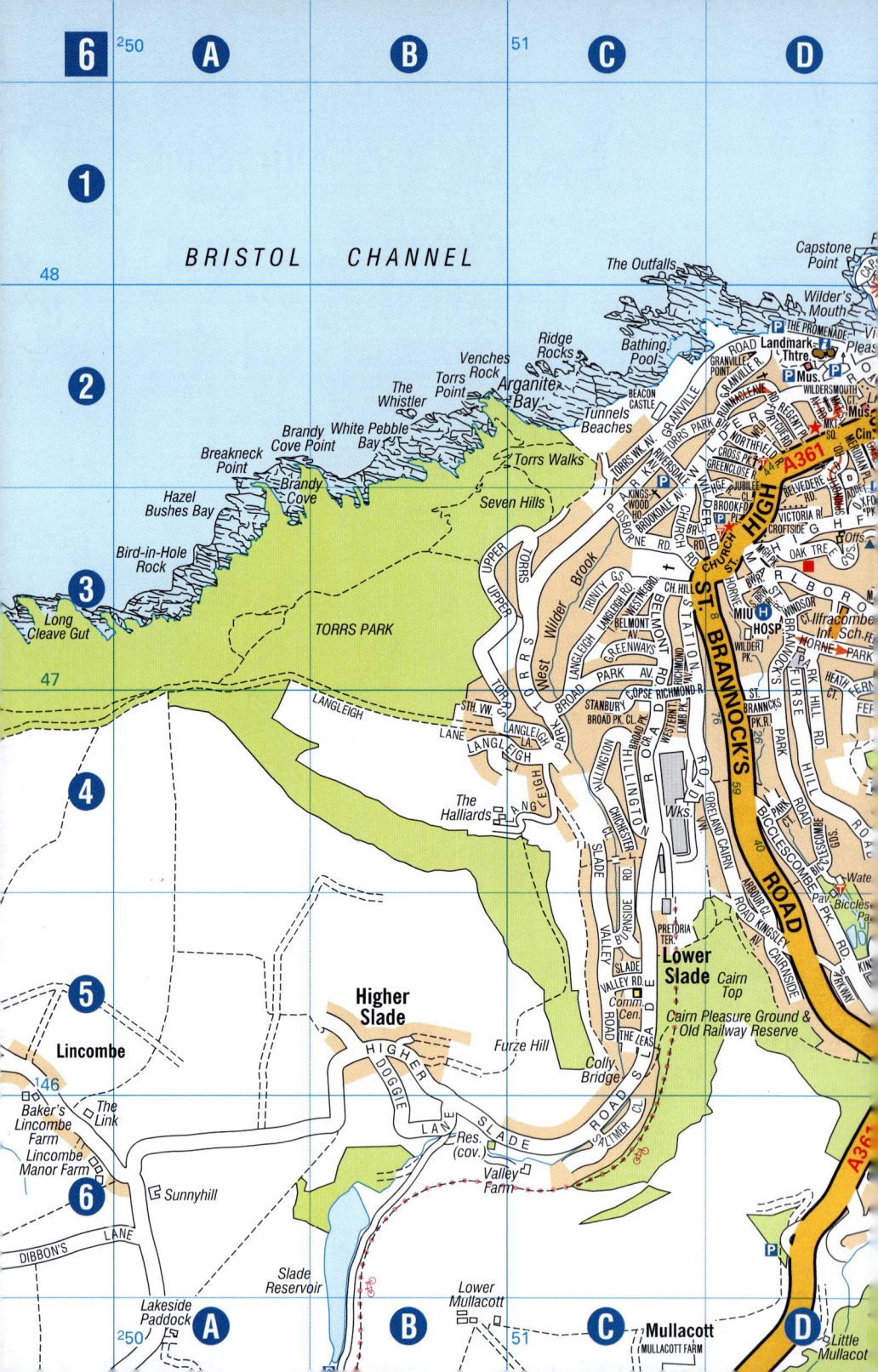

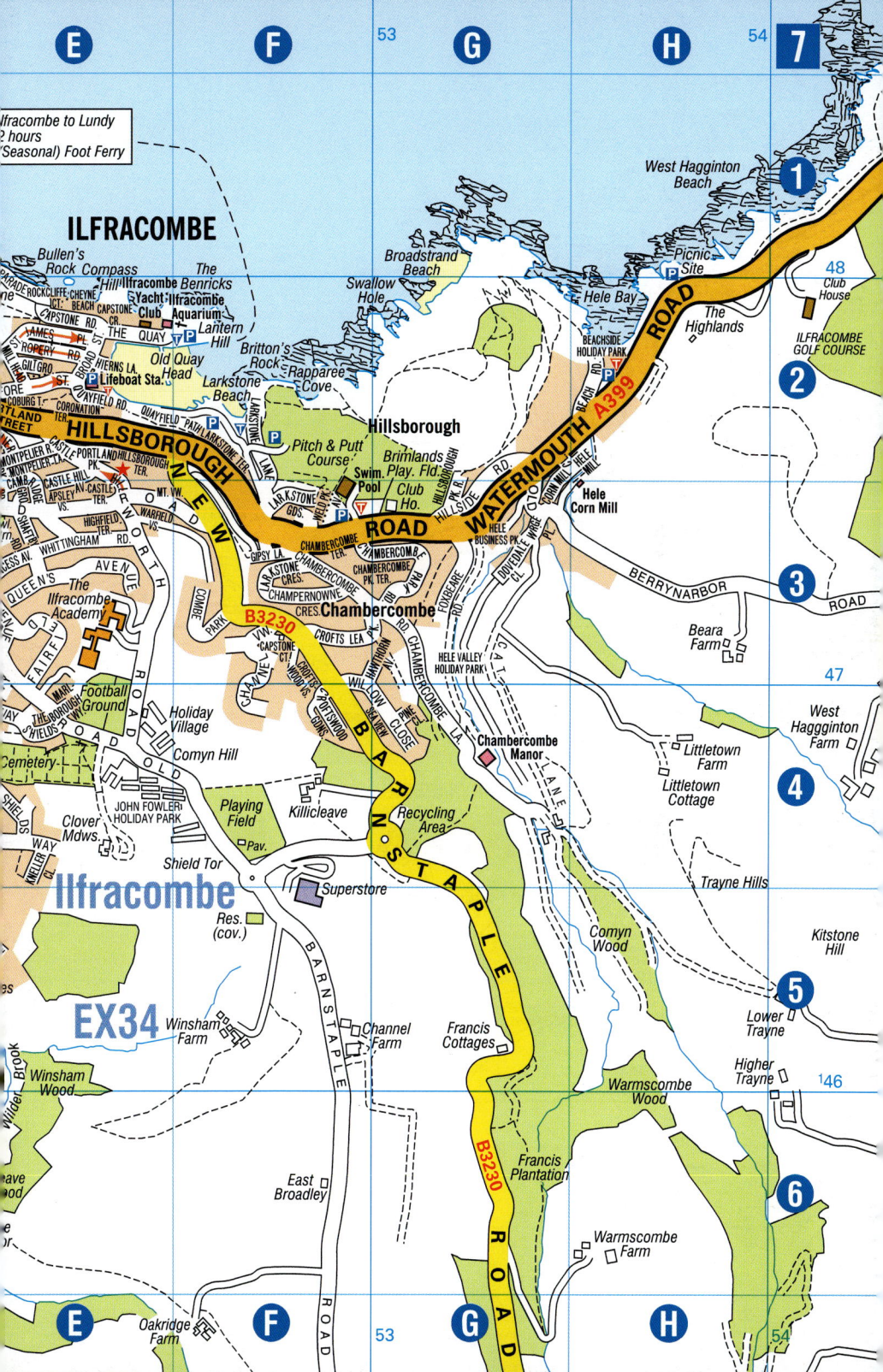

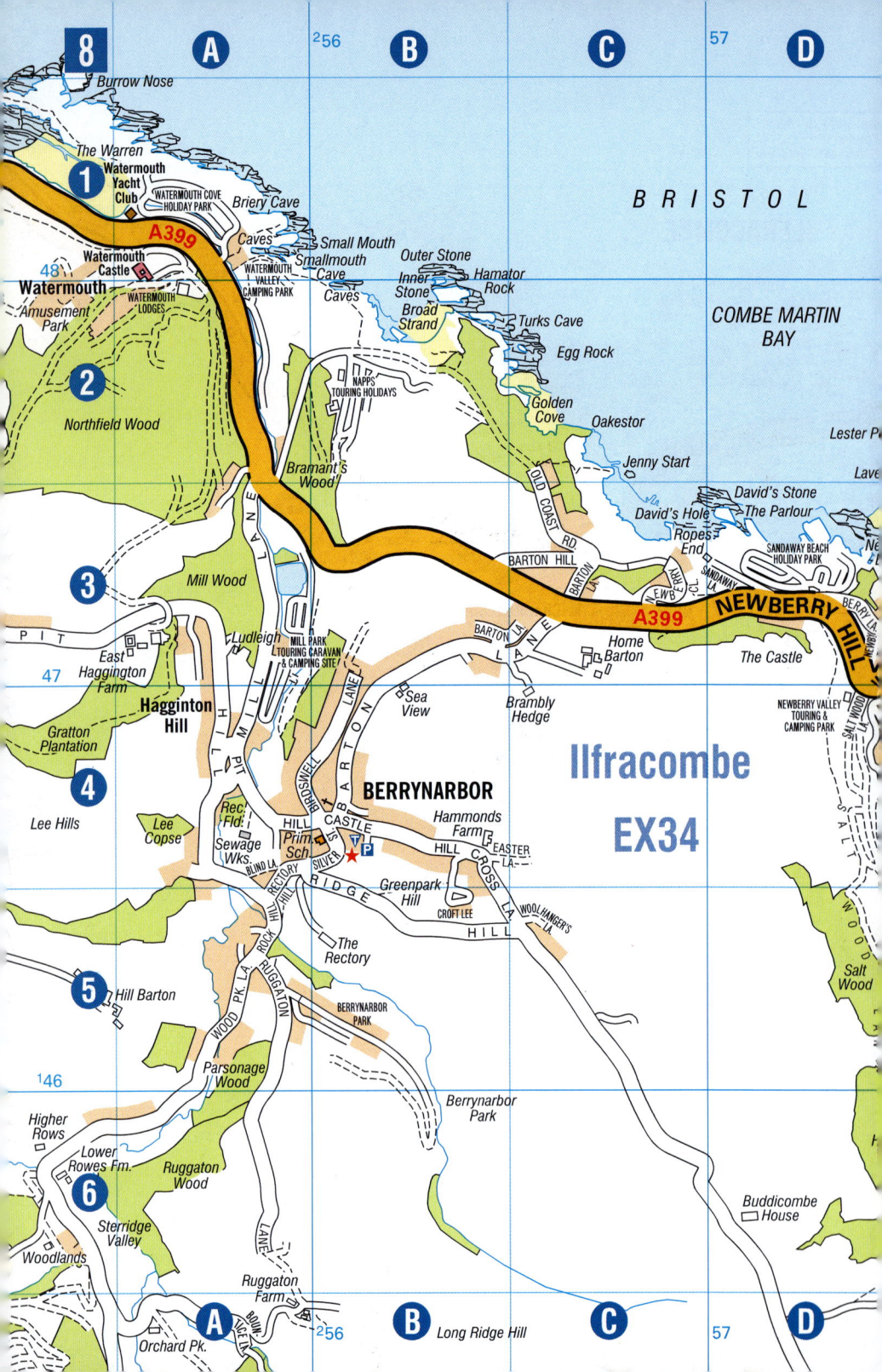

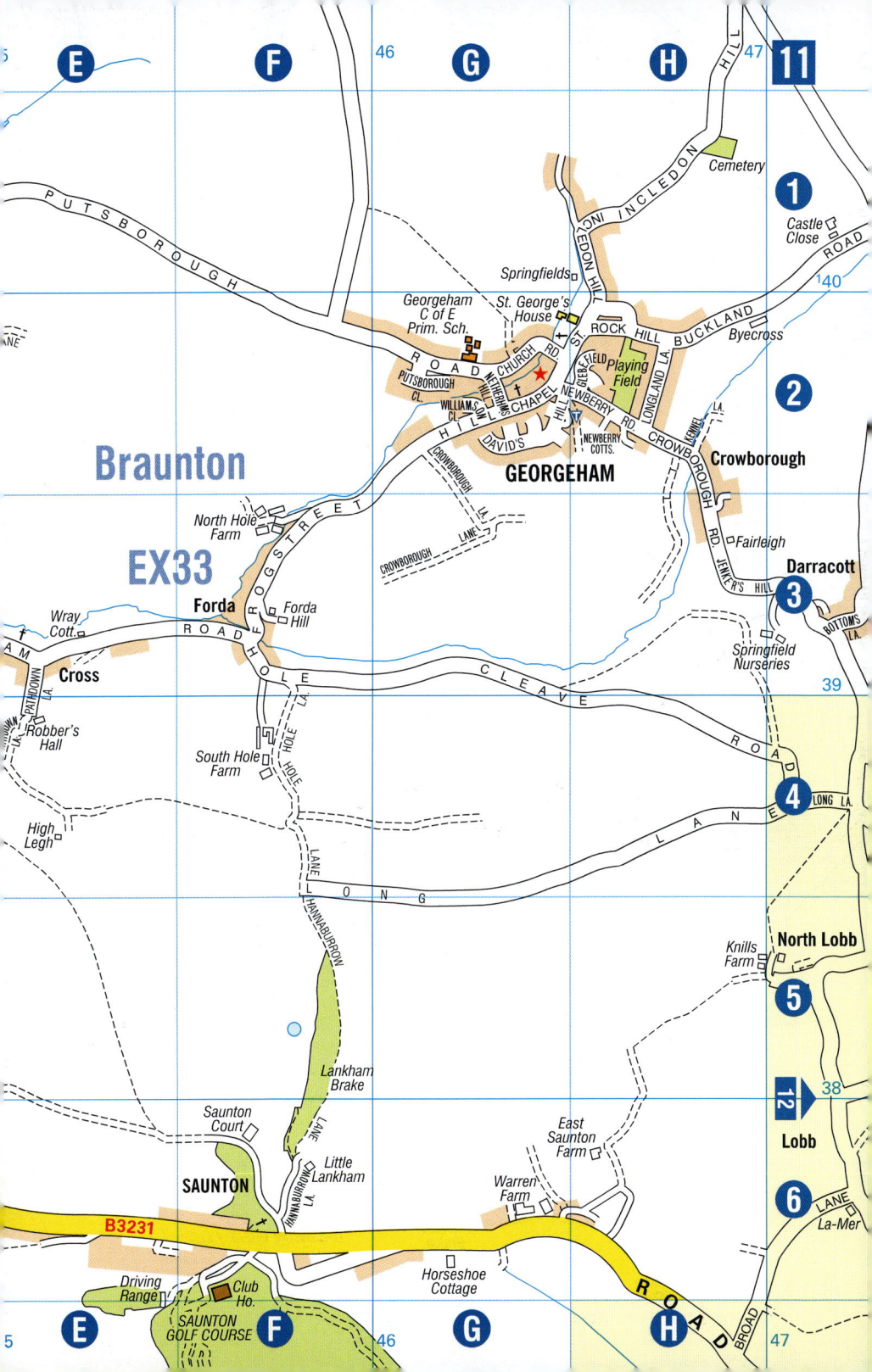

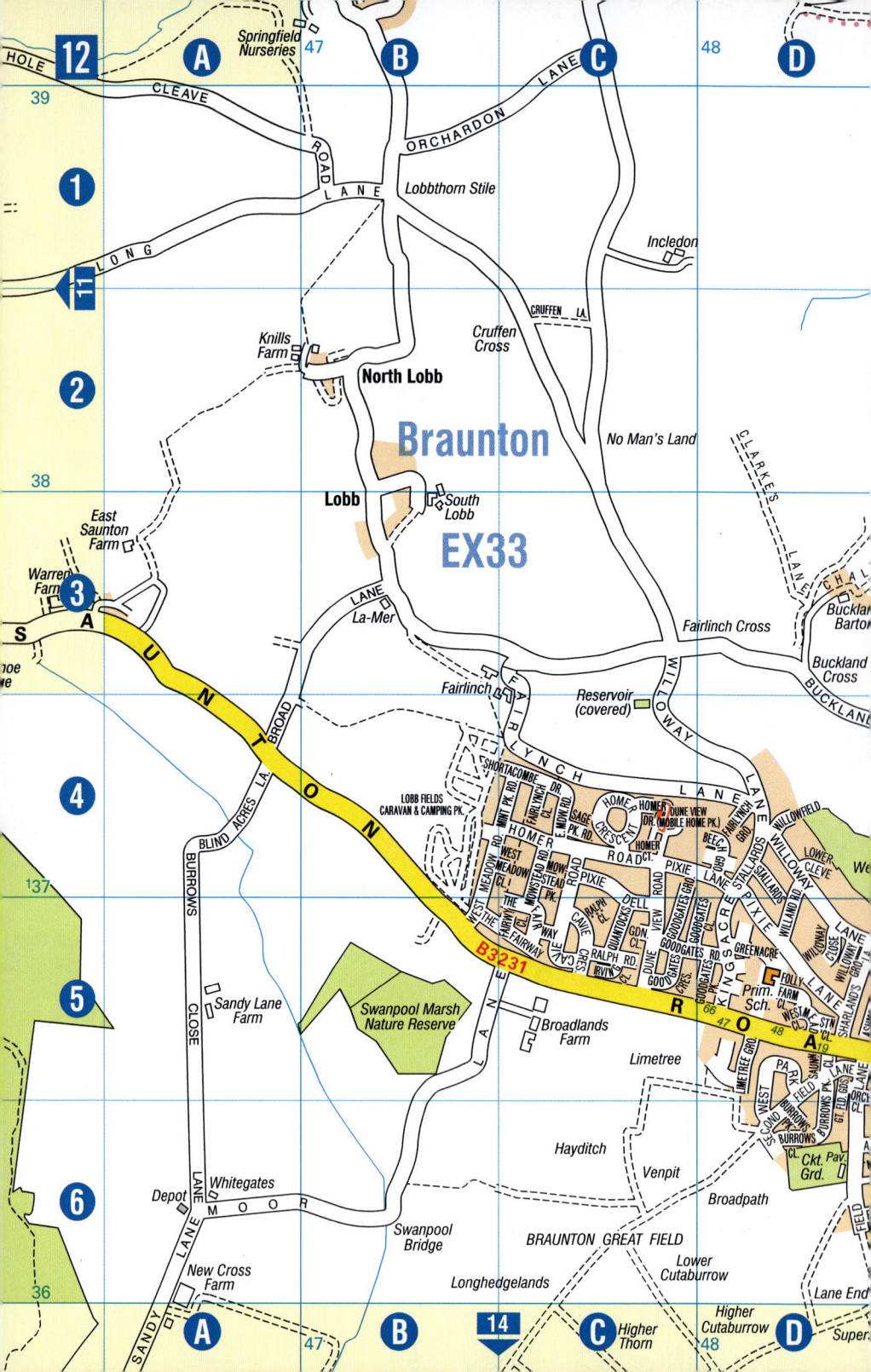

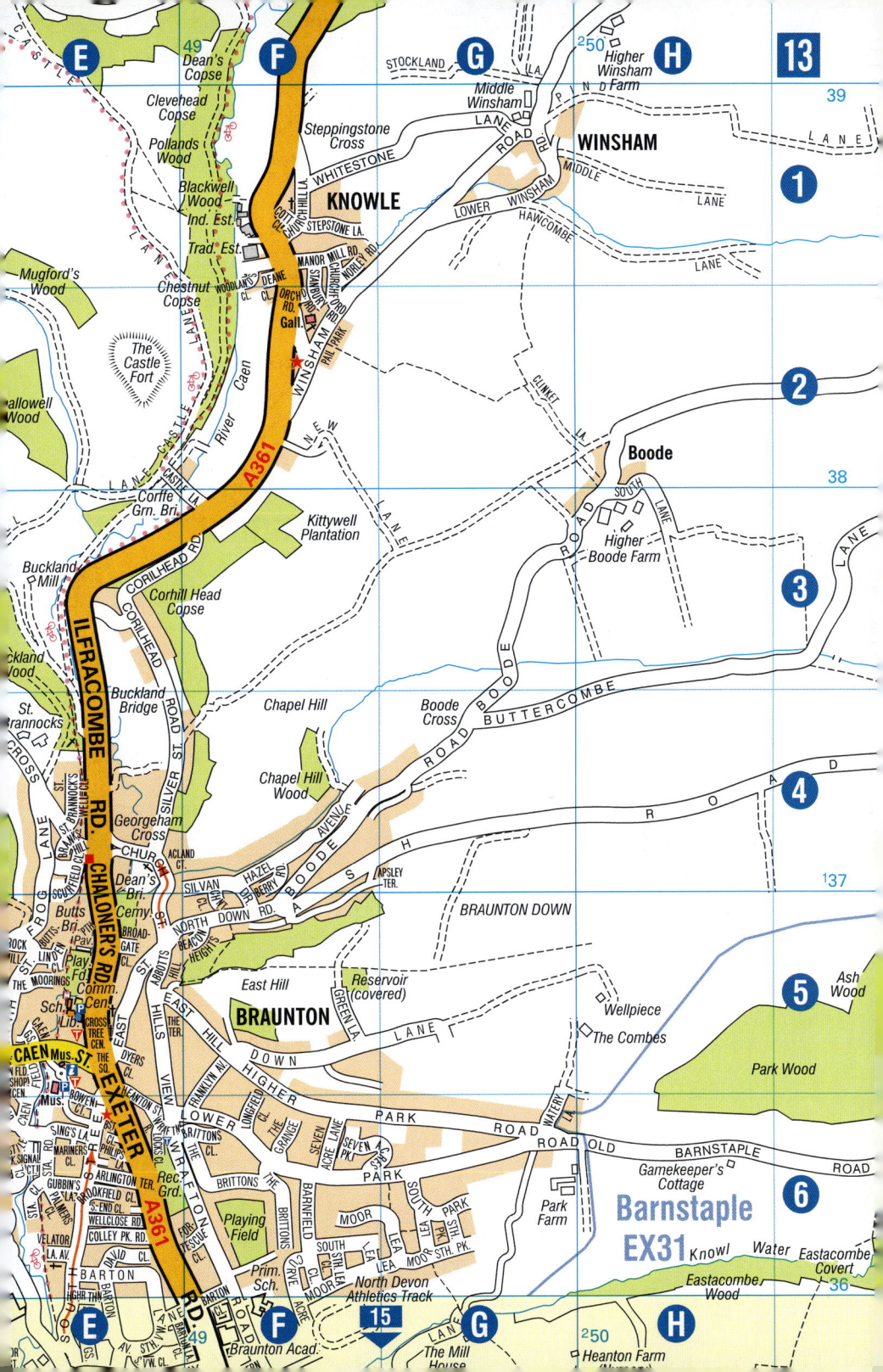

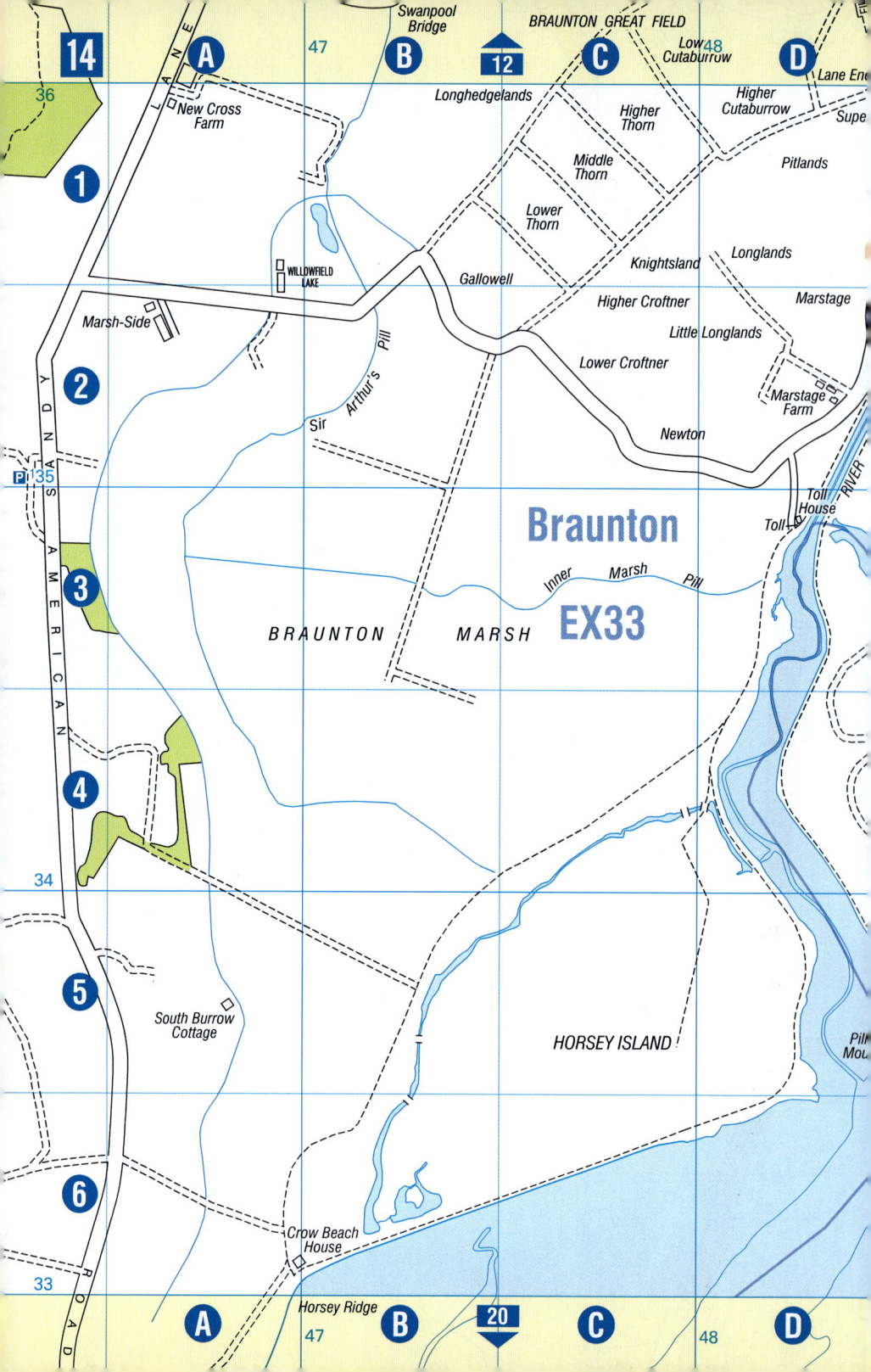

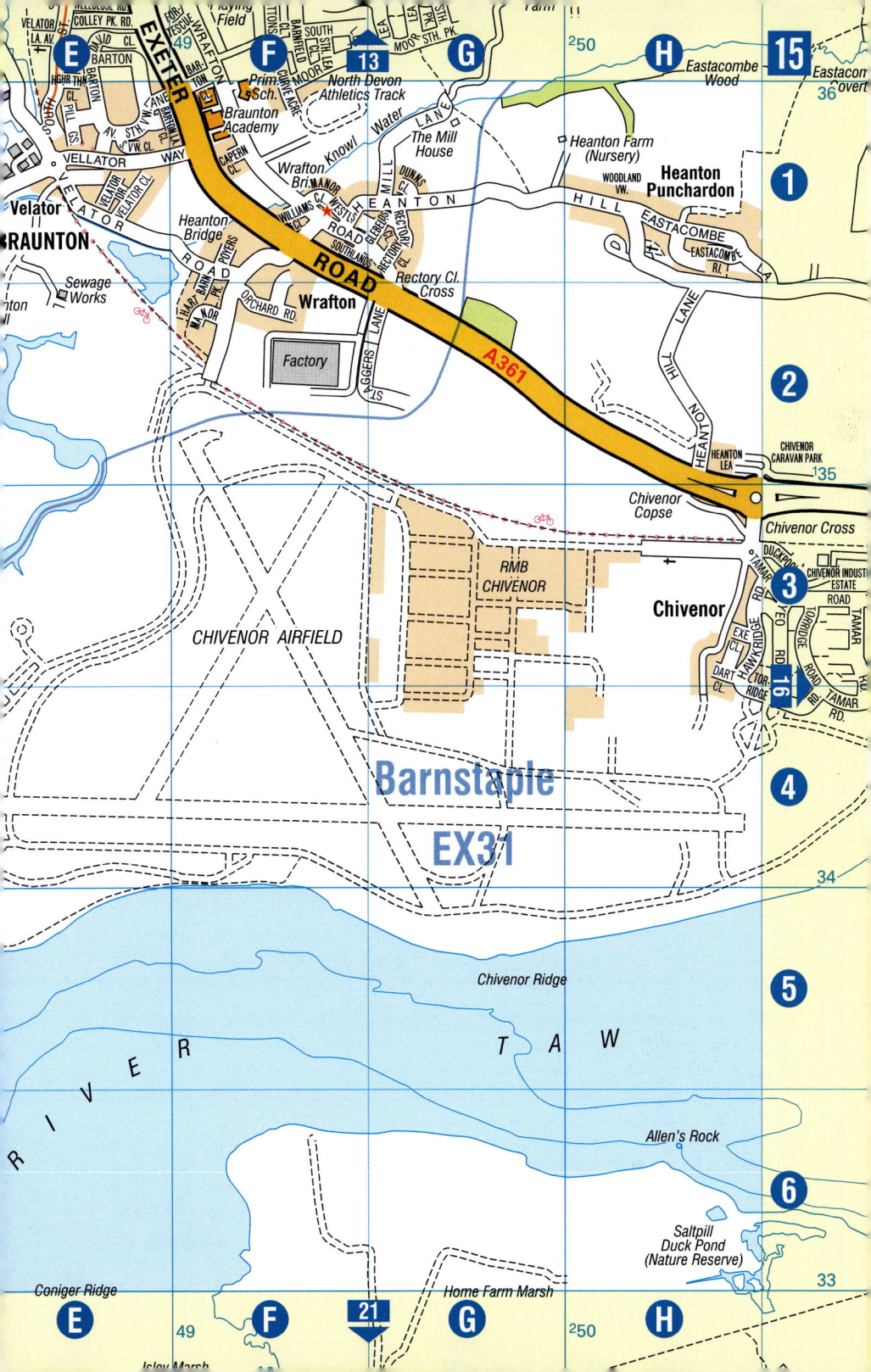

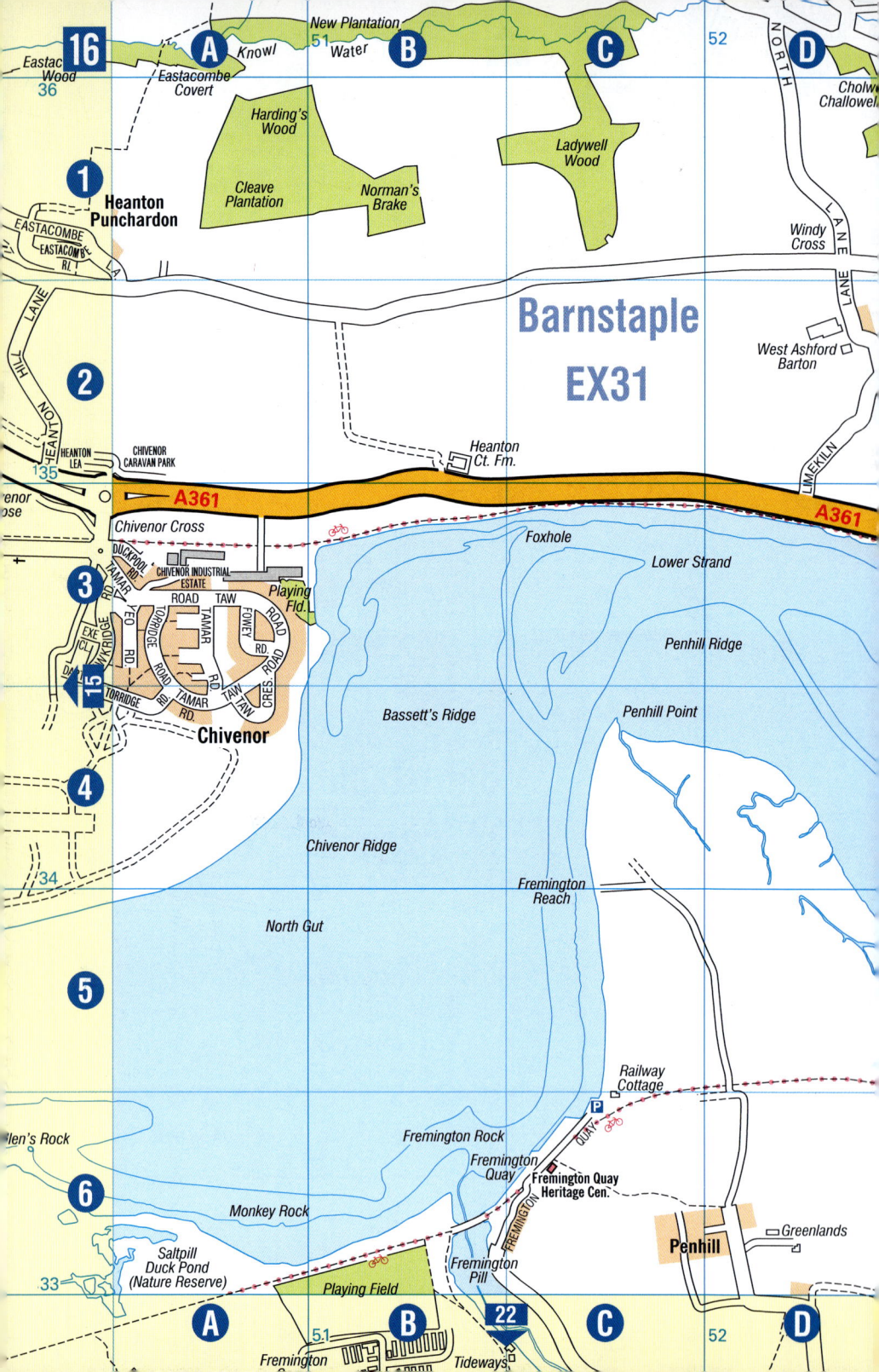

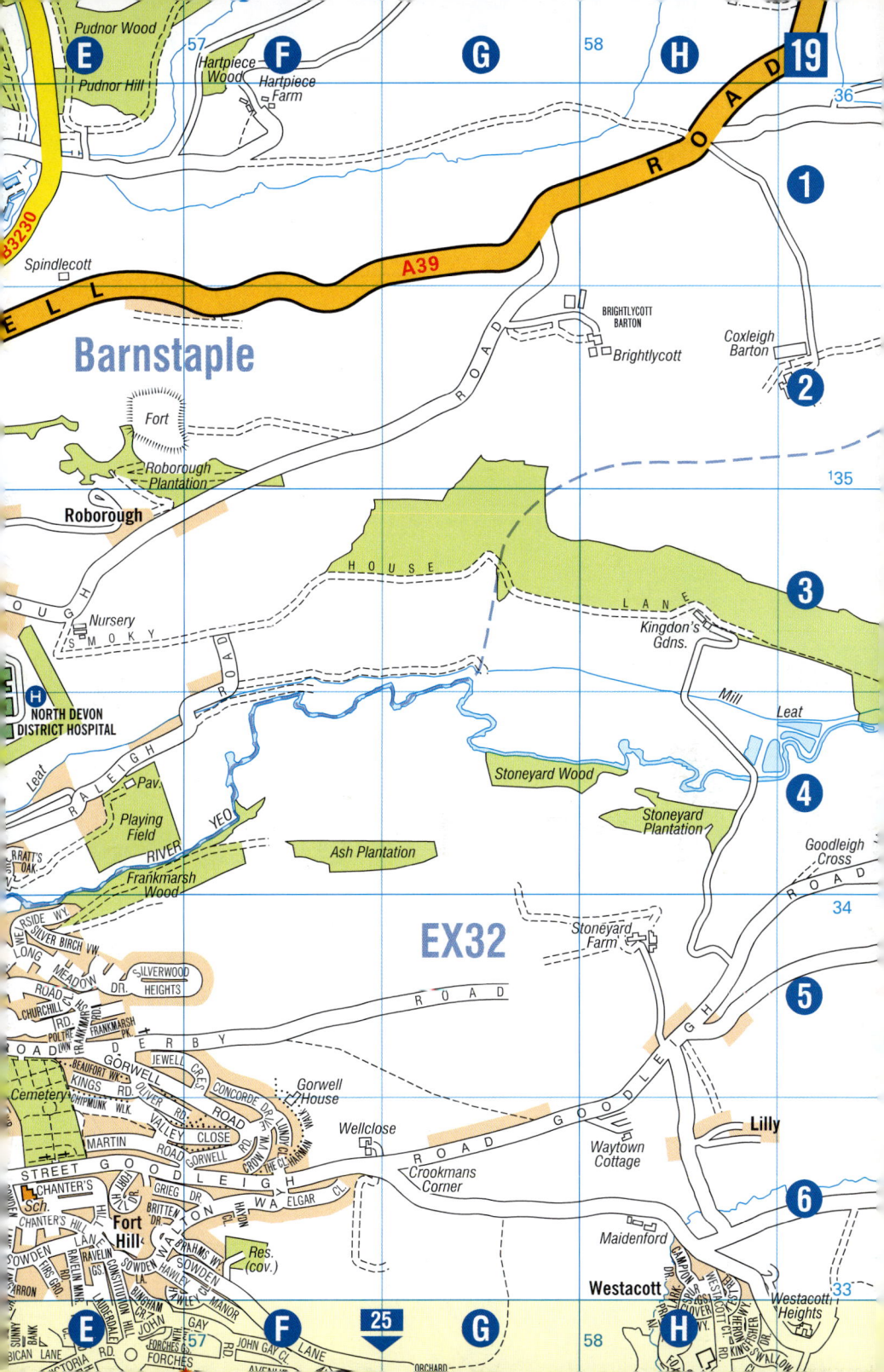

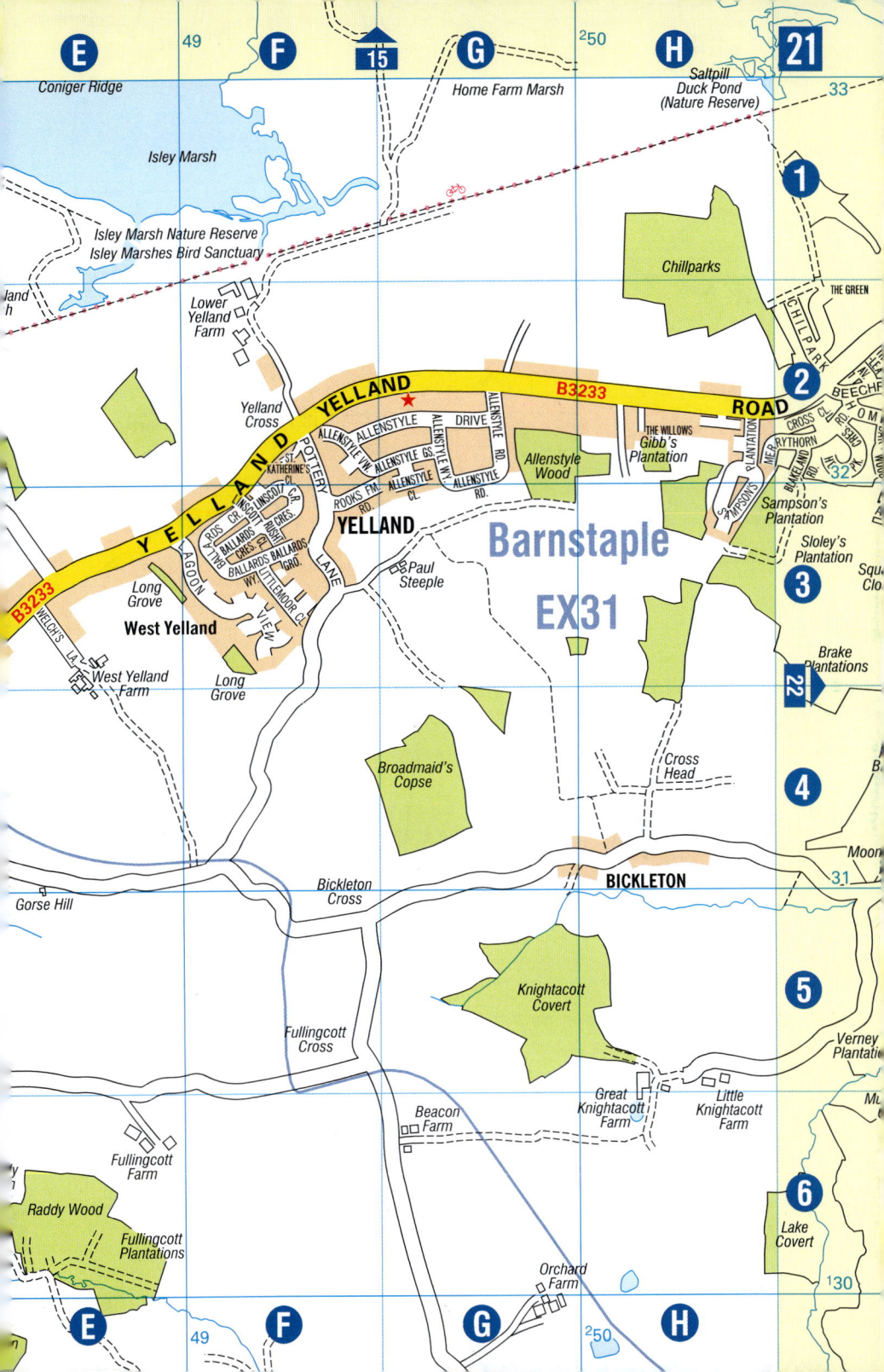

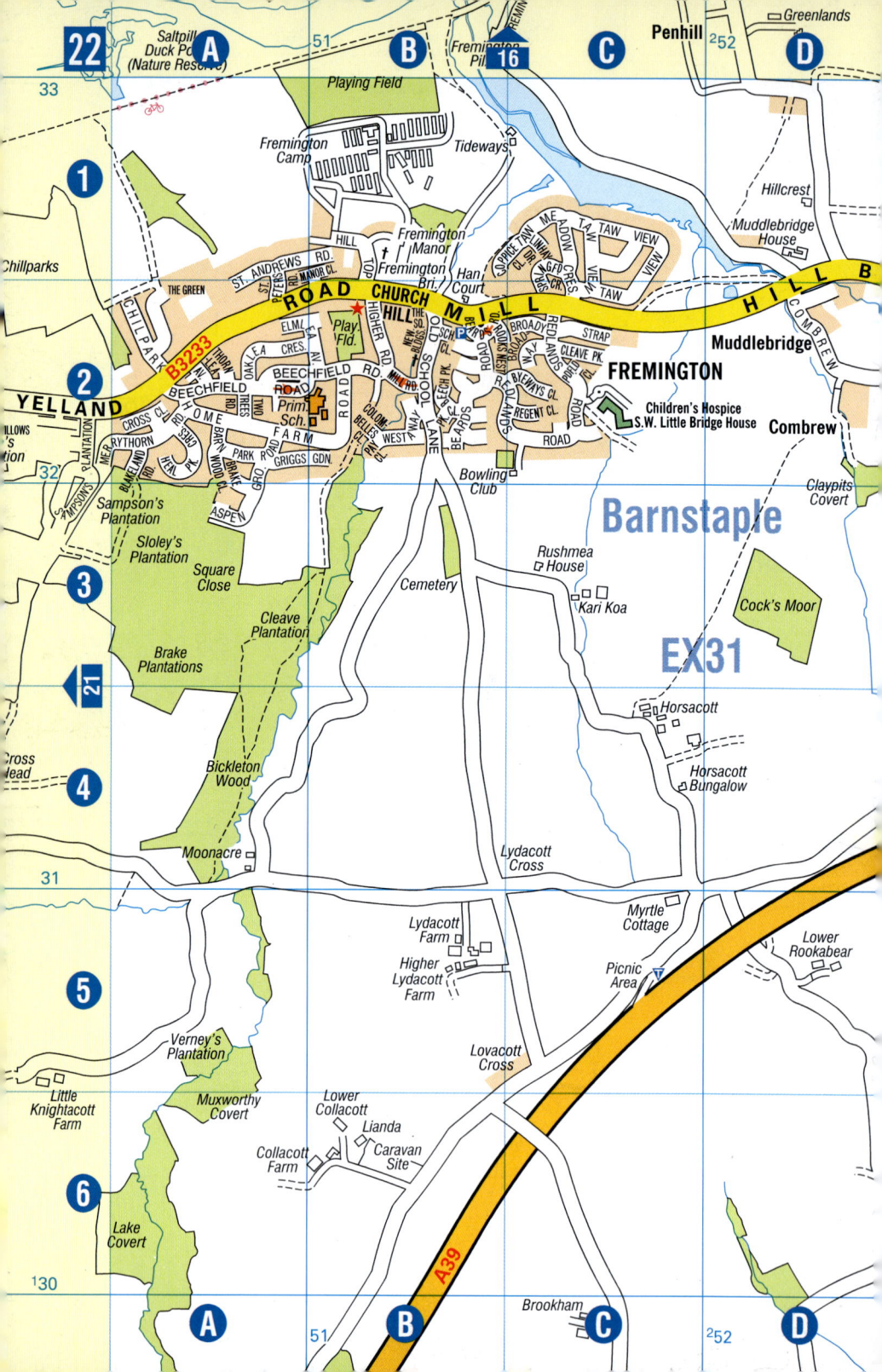

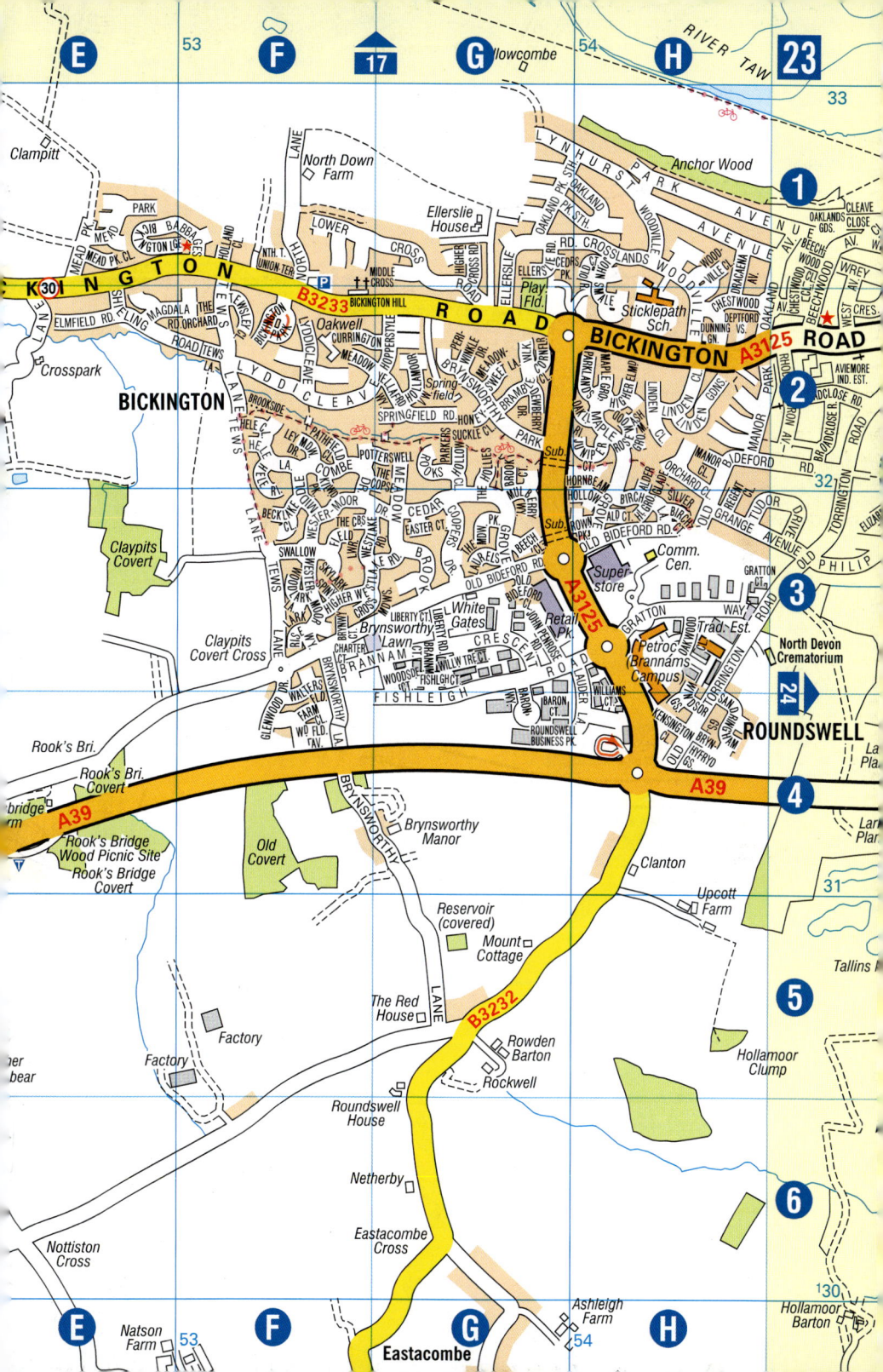

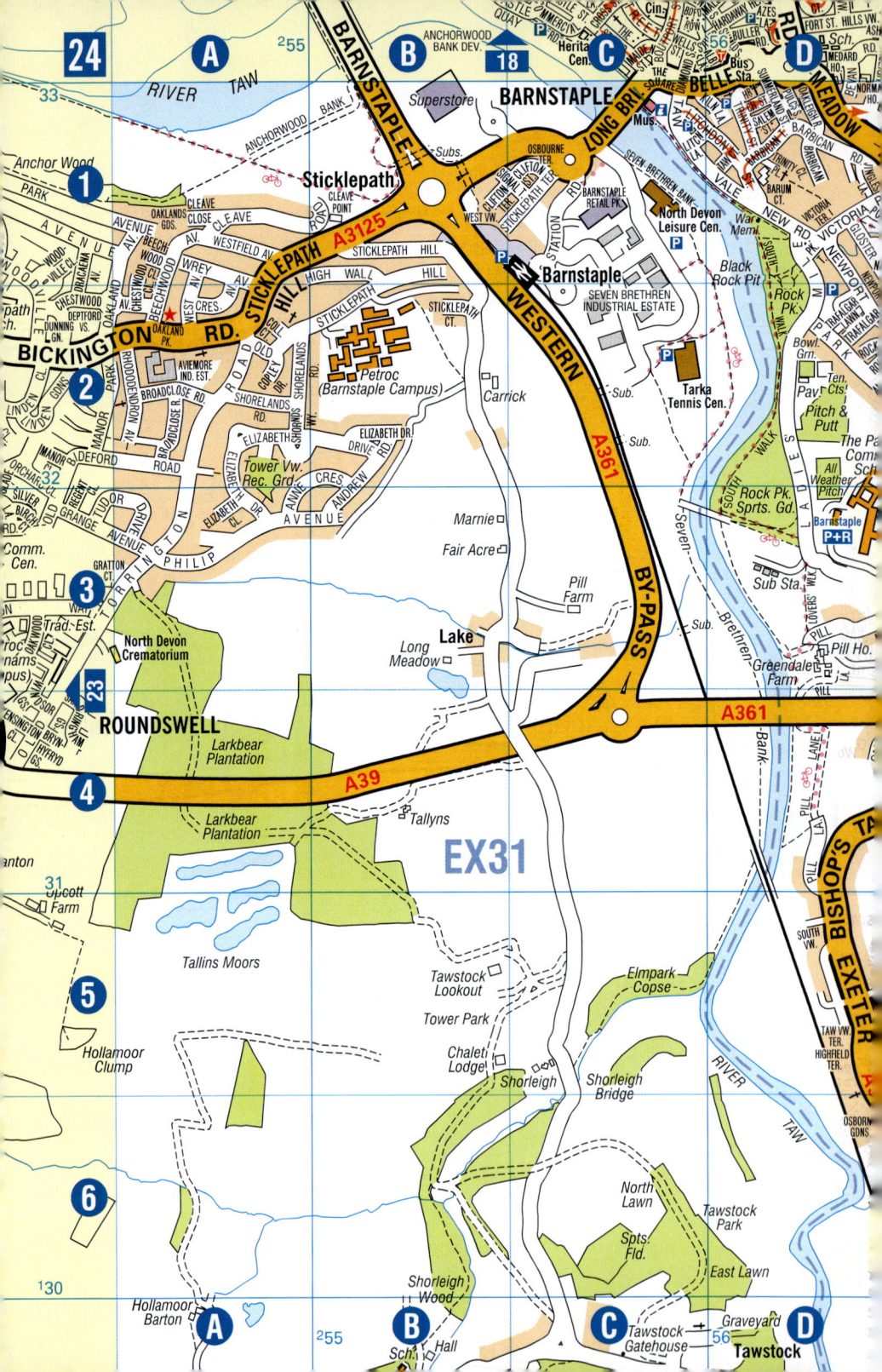

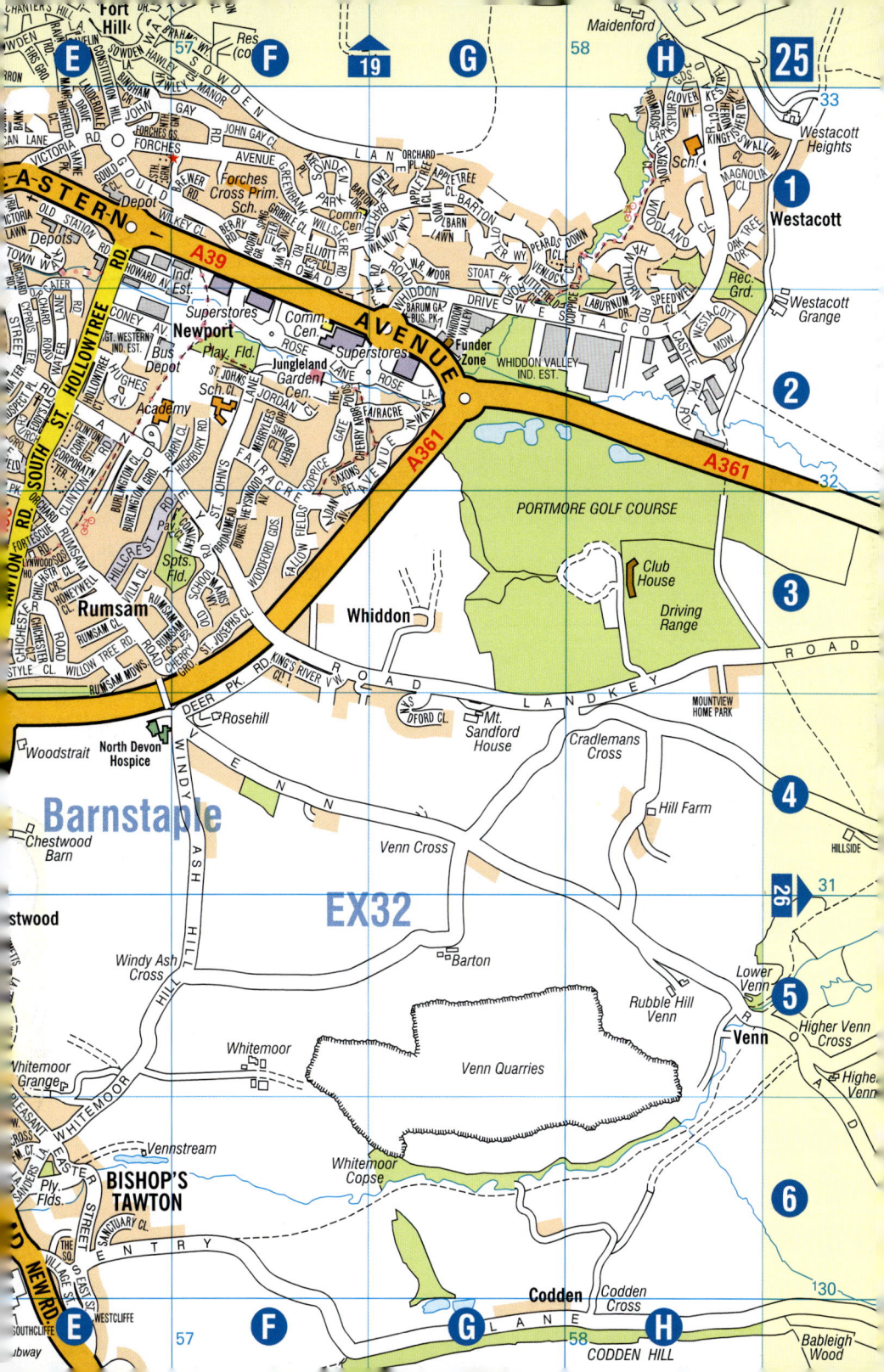

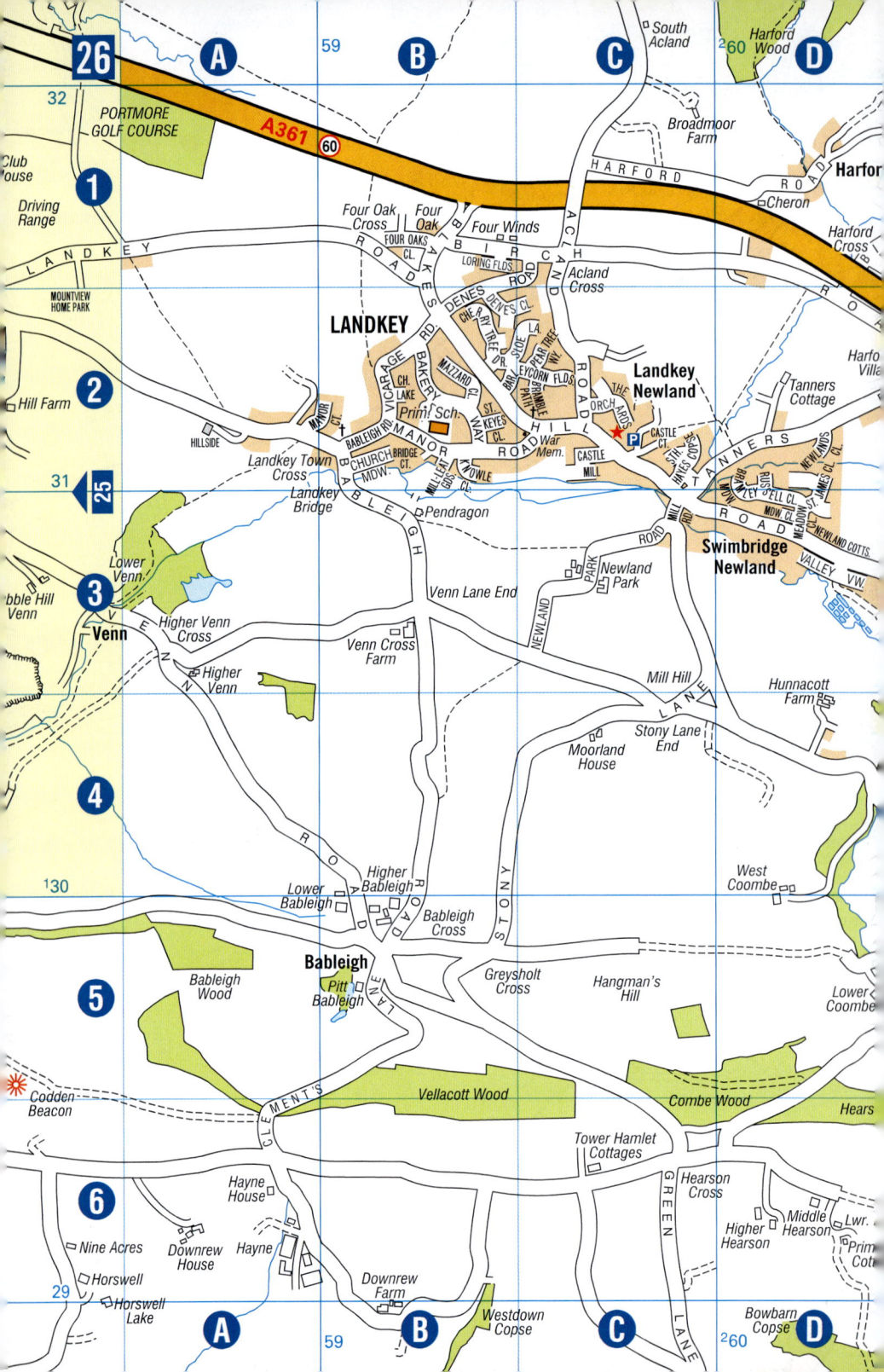

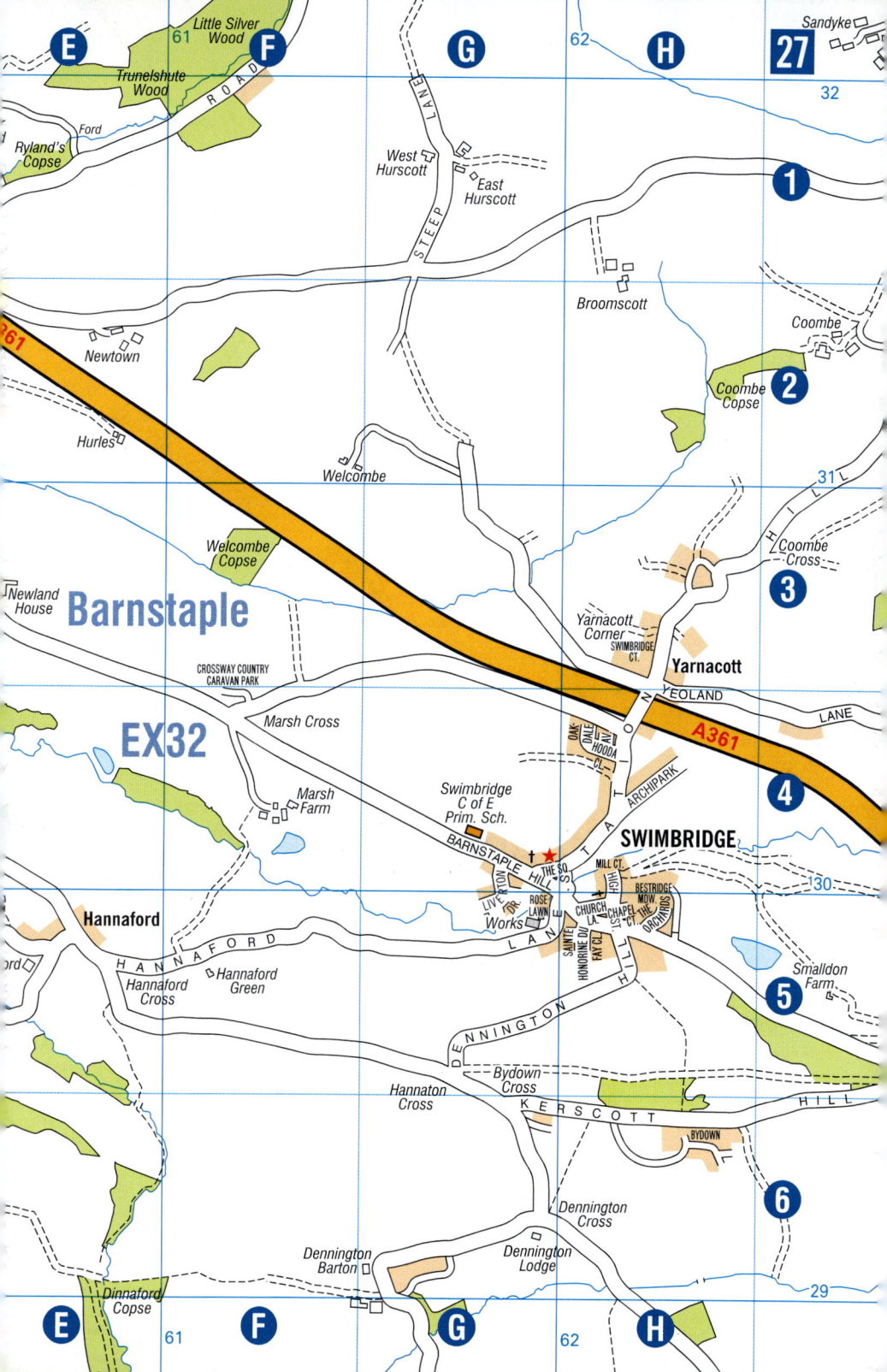

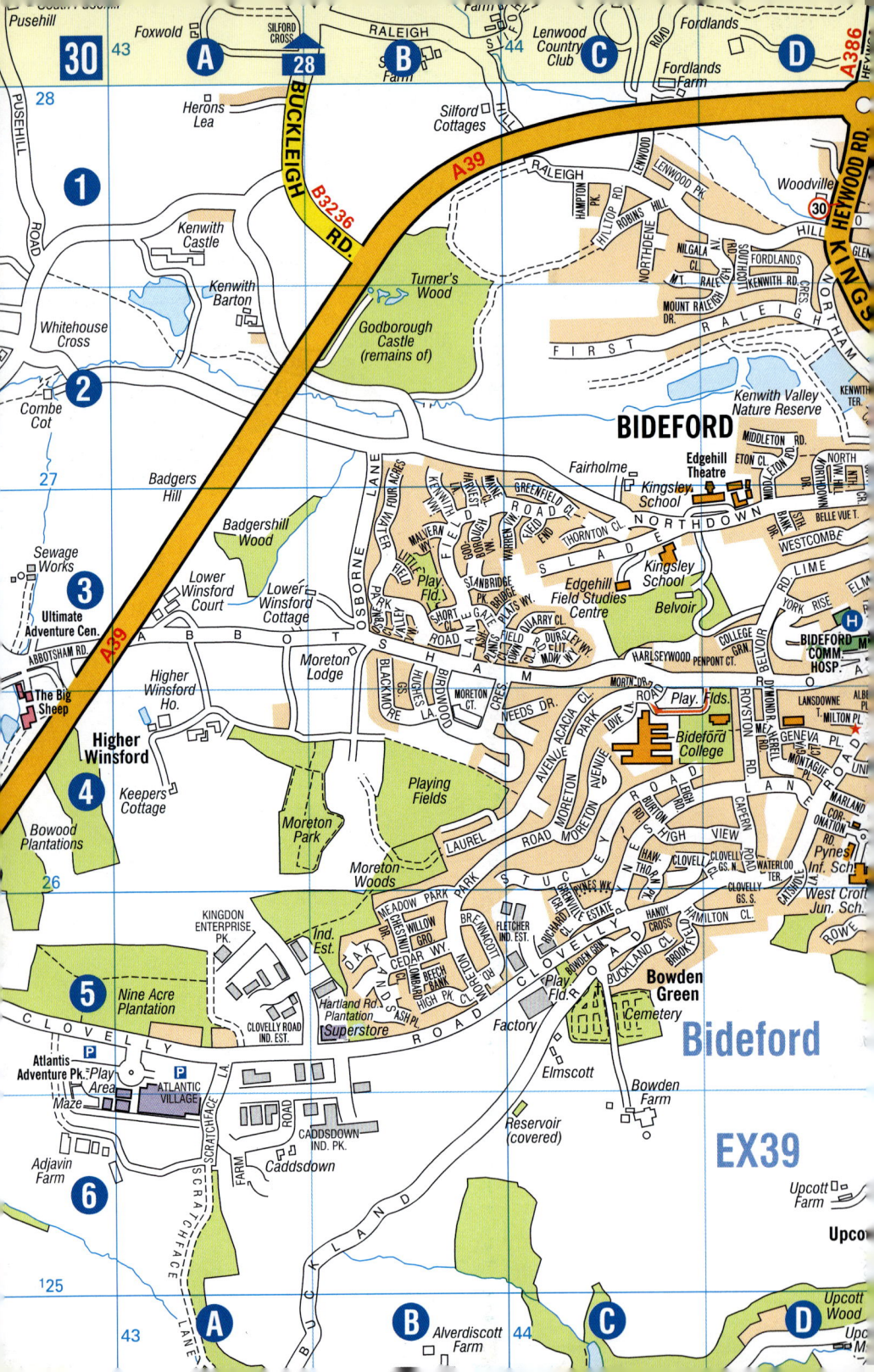

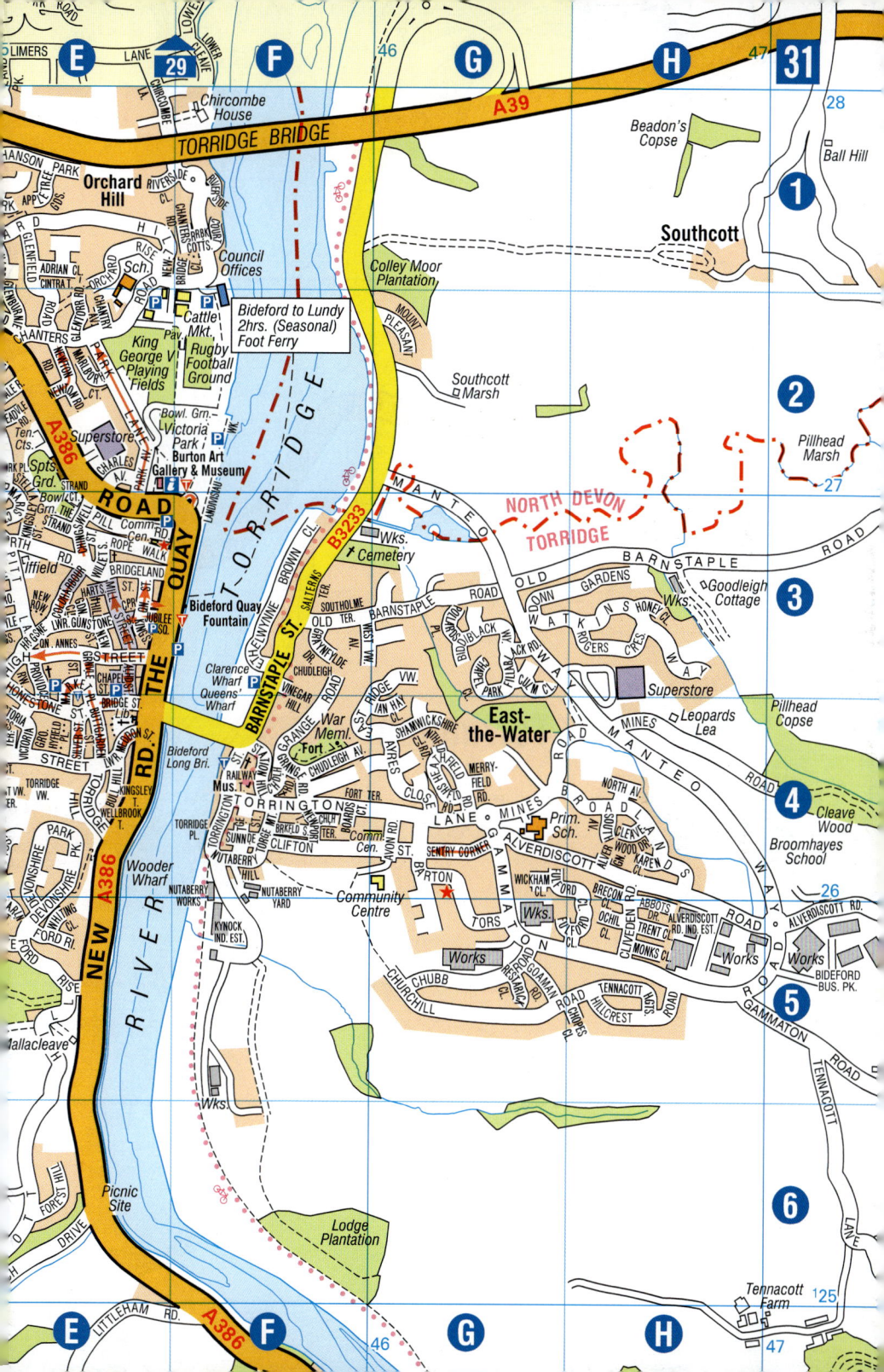

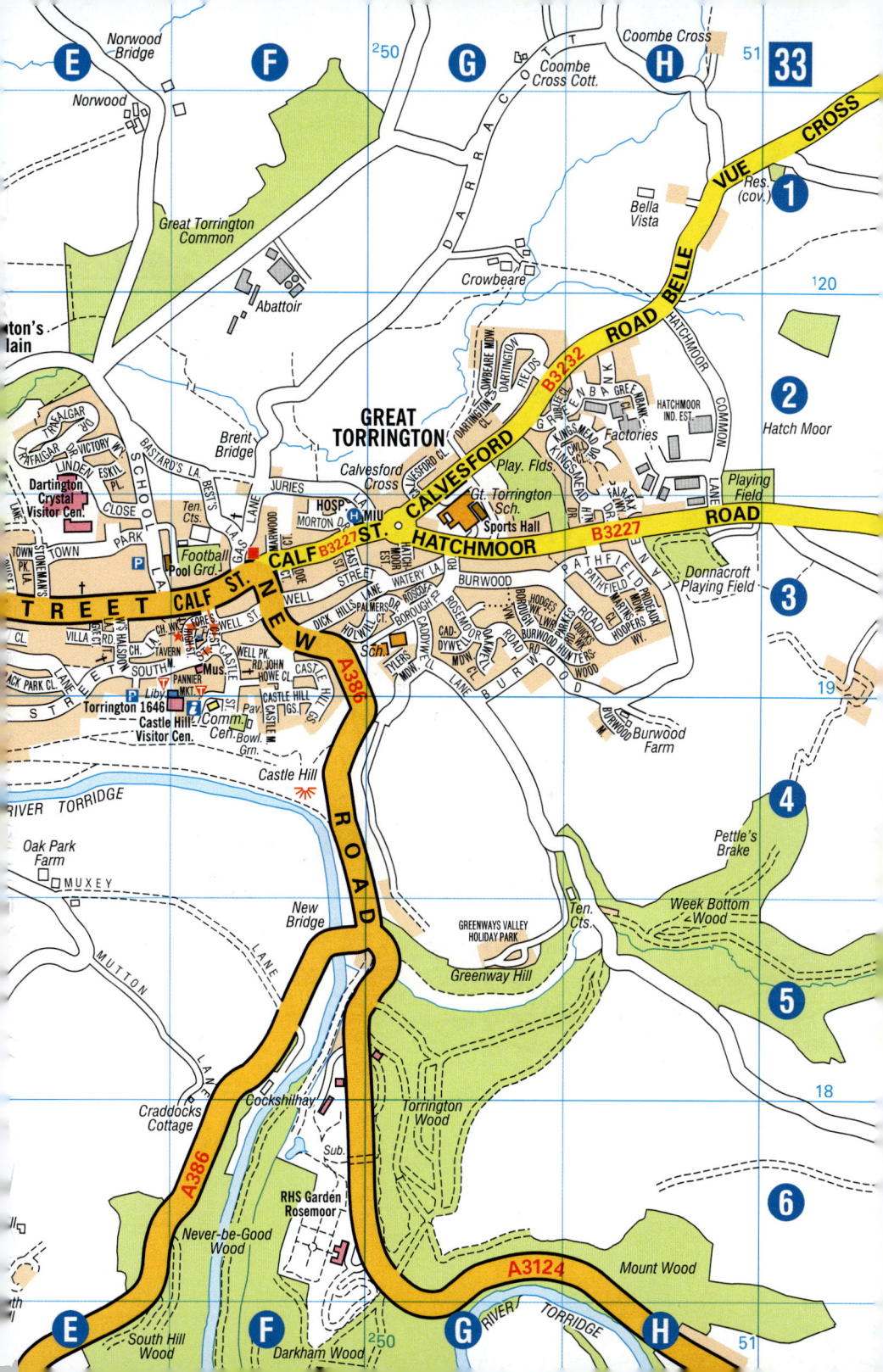

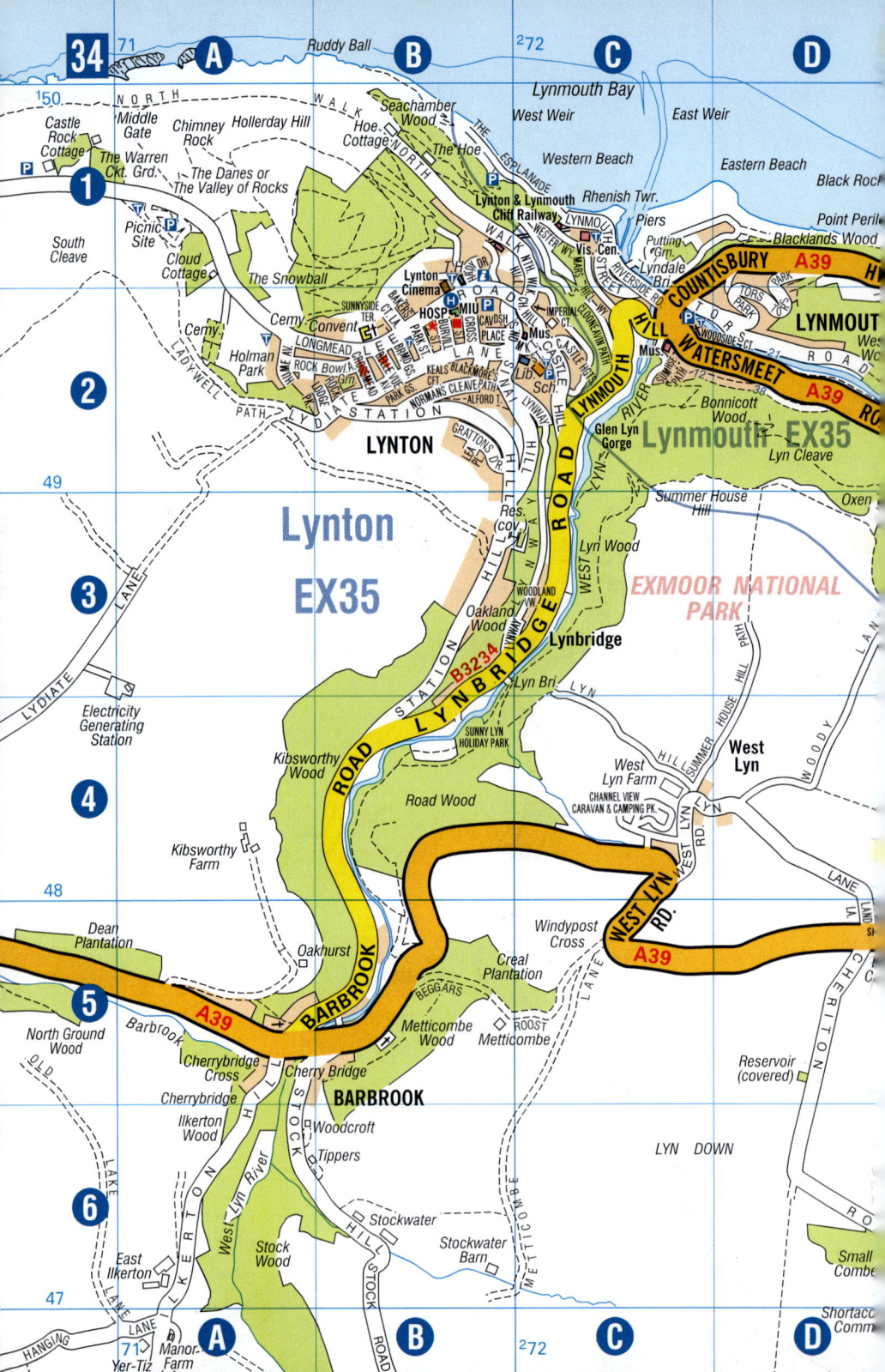

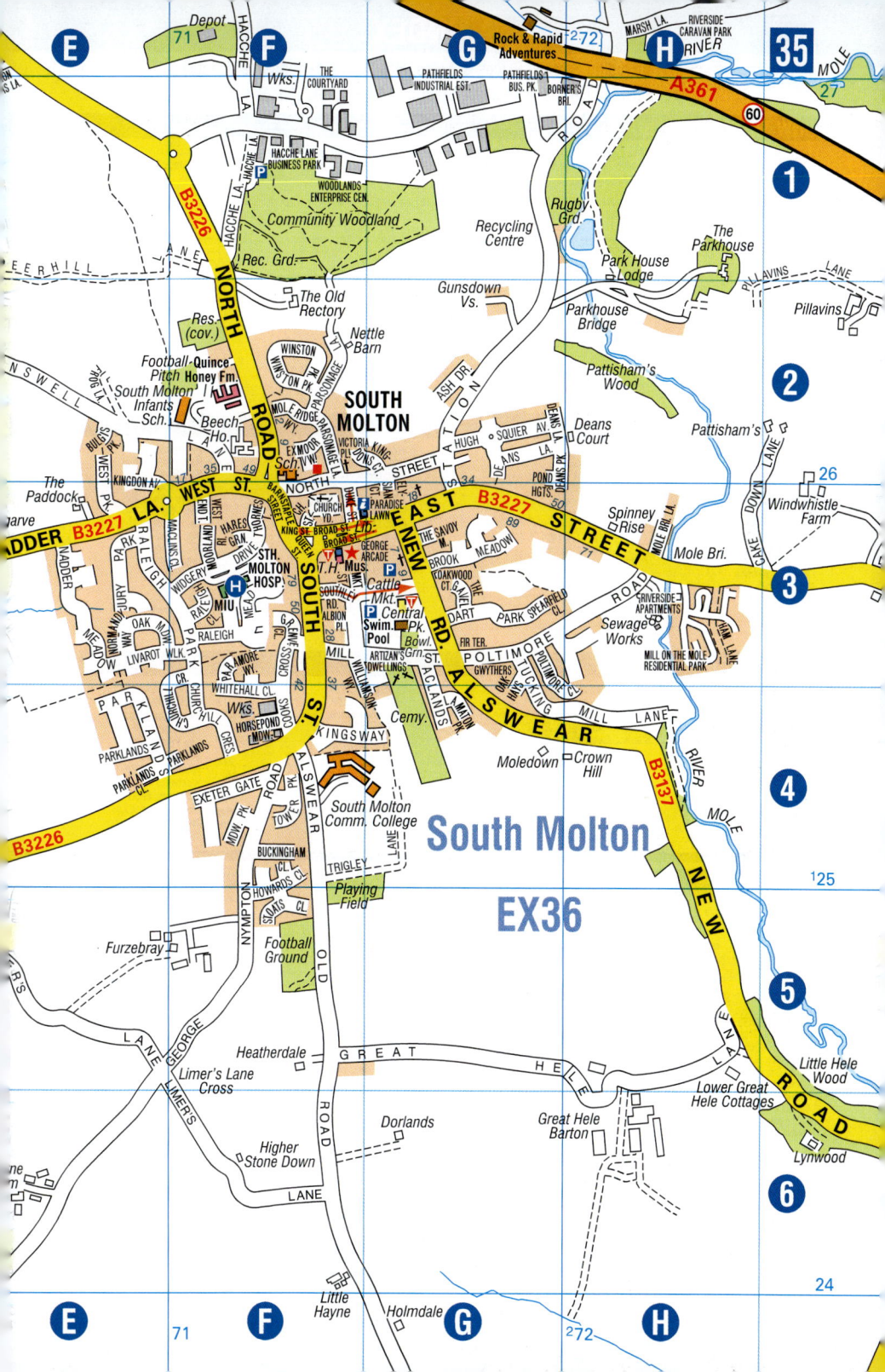

INDEX

Including Streets, Places & Areas, Hospitals etc., Industrial Estates, Selected Flats & Walkways, Stations and Selected Places of Interest.

HOW TO USE THIS INDEX

1. Each street name is followed by its Postcode District, then by its Locality abbreviation(s) and then by its map reference; e.g. **Abbey Rd.** EX31: B'aple . . . .4B **18** is in the EX31 Postcode District and the Barnstaple Locality and is to be found in square 4B on page **18**. The page number is shown in bold type.

2. A strict alphabetical order is followed in which Av., Rd., St., etc. (though abbreviated) are read in full and as part of the street name; e.g. **Cross La.** appears after **Crosslands** but before **Crossmead**

3. Streets and a selection of flats and walkways that cannot be shown on the mapping, appear in the index with the thoroughfare to which they are connected shown in brackets; e.g. **Abyssinia Ct.** *EX32: Barn . . . .2E **25** (off Abyssinia Ter.)*

4. Addresses that are in more than one part are referred to as not continuous.

5. Places and areas are shown in the index in **BLUE TYPE** and the map reference is to the actual map square in which the town centre or area is located and not to the place name shown on the map; e.g. **APPLEDORE 2H 29**

6. An example of a selected place of interest is **Braunton & District Mus. 5E 13**

7. Examples of stations are: **Barnstaple Station (Rail) . . . .1C 24; Barnstaple Bus Station . . . .6D 18; Barnstaple (Park & Ride) 3D 24**

8. An example of a Hospital, Hospice or selected Healthcare facility is **BIDEFORD HOSPITAL 3D 30**

GENERAL ABBREVIATIONS

Arc. : Arcade
Av. : Avenue
Bri. : Bridge
Bldgs. : Buildings
Bungs. : Bungalows
Bus. : Business
Cvn. : Caravan
C'way. : Causeway
Cen. : Centre
Cl. : Close
Comn. : Common
Cnr. : Corner
Cott. : Cottage
Cotts. : Cottages
Ct. : Court
Cres. : Crescent
Cft. : Croft
Dr. : Drive
E. : East
Ent. : Enterprise
Est. : Estate
Fld. : Field
Flds. : Fields
Gdn. : Garden
Gdns. : Gardens
Ga. : Gate
Gt. : Great
Grn. : Green
Gro. : Grove
Hgts. : Heights
Ho. : House
Ho's. : Houses
Ind. : Industrial
Info. : Information
La. : Lane
Lit. : Little
Lwr. : Lower
Mnr. : Manor
Mkt. : Market
Mdw. : Meadow
Mdws. : Meadows
M. : Mews
Mt. : Mount
Mus. : Museum
Nth. : North
Pde. : Parade
Pk. : Park
Pas. : Passage
Pl. : Place
Res. : Residential
Ri. : Rise
Rd. : Road
Shop. : Shopping
Sth. : South
Sq. : Square
Sta. : Station
St. : Street
Ter. : Terrace
Vw. : View
Vs. : Villas
Vis. : Visitors
Wlk. : Walk
W. : West
Yd. : Yard

LOCALITY ABBREVIATIONS

Abbotsham: EX39 . . . .A'sham
Appledore: EX39 . . . .App
Ashford: EX31 . . . .Ashf
Barbrook: EX35 . . . .Bar
Barnstaple: EX31-32 . . . .B'aple
Berrynarbor: EX34 . . . .Ber
Bickington: EX31 . . . .Bick
Bideford: EX39 . . . .Bide
Bishop's Tawton: EX32 . . . .B Taw
Boode: EX33 . . . .Boo
Braunton: EX33 . . . .Brau
Cheriton Bishop: EX31 . . . .Cher
Chivenor: EX31 . . . .C'nor
Combe Martin: EX34 . . . .C Mar
Croyde: EX33 . . . .Croy
Forda: EX33 . . . .Forda
Fremington: EX31 . . . .Frem
Georgeham: EX33 . . . .Geo
George Nympton: EX36 . . . .G Nym
Great Torrington: EX38 . . . .G Tor
Heanton Punchardon: EX31 . . . .H Pun
Ilfracombe: EX34 . . . .Ilfra
Instow: EX39 . . . .Ins
Knowle: EX33 . . . .Know
Landkey: EX32 . . . .Land
Lee: EX34 . . . .Lee
Lincombe: EX34 . . . .Linc
Littleham: EX39 . . . .Lit
Little Torrington: EX38 . . . .Lit T
Lobb: EX33 . . . .Lob
Lynmouth: EX35 . . . .Lynm
Lynton: EX35 . . . .Lynt
Marwood: EX31 . . . .Mar
Mortehoe: EX34 . . . .Mort
Northam: EX39 . . . .Nort
Putsborough: EX33 . . . .Puts
Roundswell: EX31 . . . .Rou
Saunton: EX33 . . . .Saunt
Shirwell: EX31 . . . .Shir
Snapper: EX32 . . . .Snap
South Molton: EX36 . . . .S Mol
Swimbridge: EX32 . . . .Swim
Tawstock: EX31 . . . .Taw
Two Potts: EX34 . . . .T Pot
Velator: EX33 . . . .Vel
Westleigh: EX39 . . . .West
Westward Ho!: EX39 . . . .W Ho
Winsham: EX33 . . . .Win
Woolacombe: EX34 . . . .Wool
Wrafton: EX33 . . . .Wraf
Yelland: EX31 . . . .Yell

A

Abbey Rd. EX31: B'aple 4B **18**
Abbots Dr. EX39: Bide 5H **31**
Abbotsham Rd.
EX39: A'sham, Bide 3A **30**
Abbotts Hill EX33: Brau 5E **13**
Abyssinia Ct. *EX32: B'aple 2E **25***
(off Abyssinia Ter.)
Abyssinia Ter. EX32: B'aple 2E **25**
Acacia Cl. EX39: Bide 4C **30**
Acland Ct. EX33: Brau 4E **13**
Acland Rd. EX32: Land 1C **26**
Aclands EX36: S Mol 3G **35**
Acorn Gro. EX32: B'aple 1F **25**
Adder La. EX31: Ashf 2F **17**
Adelaide Ter. EX34: Ilfra 3D **6**
Admirals Ct. EX39: Nort 4E **29**
Adrian Cl. EX39: Bide 1E **31**
Aidan Av. EX32: B'aple 3F **25**
Albert Ct. *EX34: Ilfra 2E **7***
(off Mill Head)
Albert La. EX32: B'aple 6D **18**
Albert Pl. EX39: Bide 4D **30**
Albion Pl. EX36: S Mol 3F **35**
Alder Glade EX31: Rou 2H **23**
Alexandra Ct. EX32: B'aple 6D **18**
Alexandra Rd. EX32: B'aple 5C **18**
Alexandra Ter. *EX36: S Mol 2F **35***
(off North St.)
EX39: Bide 2D **30**
Alford Ter. EX35: Lynt 2B **34**
Allen Bank EX32: B'aple 2D **24**
Allenstyle Cl. EX31: Yell 2G **21**
Allenstyle Dr. EX31: Yell 2F **21**
Allenstyle Gdns. EX31: Yell 2G **21**
Allenstyle Rd. EX31: Yell 2G **21**
Allenstyle Vw. EX31: Yell 2F **21**
Allenstyle Way EX31: Yell 2G **21**
Allhalland St. EX39: Bide 3E **31**
Almond Ct. EX31: Rou 3H **23**
Alpha Pl. EX39: App 1H **29**
Alswear New Rd.
EX36: G Nym, S Mol 4G **35**
Alswear Old Rd. EX36: S Mol 4F **35**
Alverdiscott Rd. EX39: Bide 4G **31**
Alverdiscott Rd. Ind. Est.
EX39: Bide 5H **31**
Alver Grn. EX39: Bide 4H **31**
American Rd. EX33: Vel 3A **14**
Amory Pl. *EX36: S Mol 3F **35***
(off Cooks Cross)
Amyas Way EX39: Nort 5F **29**
Anchorwood Bank EX31: B'aple 1A **24**
Anchorwood Bank Development
EX31: B'aple 6B **18**
Andrew Rd. EX31: B'aple 3B **24**
Anne Cres. EX31: B'aple 3A **24**
Anstey Way EX39: Ins 6B **20**
APPLEDORE 2H 29
Appledore Lifeboat Station 1G 29
Apple Orchard EX38: G Tor 4D **32**
Appletree Cl. EX32: B'aple 1G **25**
(not continuous)
Appletree Gdns. EX39: Nort 1E **31**
Appletree M. EX39: App 2H **29**
Apsley Ter. EX33: Brau 4G **13**
*EX34: Ilfra 3E **7***
(off Highfield Rd.)
Apsley Vs. EX34: Ilfra 3E **7**
Arbour Cl. EX34: Ilfra 4D **6**
Arcade Rd. EX34: Ilfra 2D **6**
Archipark EX32: Swim 4H **27**
Arlington Pl. EX34: Wool 5C **4**
Arlington Rd. EX34: Wool 5B **4**
Arlington Ter. EX33: Brau 6E **13**
Armada Way EX39: W Ho 5A **28**
Artizan's Dwellings
EX36: S Mol 3G **35**
Ash Dr. EX36: S Mol 2G **35**
Ashfield Cl. EX31: Ashf 2F **17**
Ashfield La. EX31: Ashf 2F **17**
Ashfield Ter. *EX39: Nort 4F **29***
(off Diddywell Rd.)
ASHFORD 2F 17
Ashleigh Cres. EX32: B'aple 1E **25**
Ashleigh Rd. EX32: B'aple 6D **18**
Ashley Ter. *EX34: Ilfra 3D **6***
(off St Brannock's Pk. Rd.)
*EX39: Bide 4D **30***
(off Royston Rd.)
Ashmead Gro. EX33: Brau 5D **12**
Ashplants Cl. EX39: Bide 3B **30**
Ash Rd. EX33: Brau 5F **13**
Ashton Cres. EX33: Brau 6D **12**
Aspen Gro. EX31: Frem 3A **22**
Atlantic Ct. *EX34: Ilfra 2D **6***
(off Northfield Rd.)
Atlantic Village EX39: Bide 5A **30**
Atlantic Way EX39: W Ho 4B **28**
Atlantis Adventure Pk. 5A 30
Avenue Rd. EX34: Ilfra 2D **6**
Aviemore Ind. Est.
EX31: B'aple 2A **24**
Avon La. EX39: W Ho 4C **28**
Avon Rd. EX39: Bide 4G **31**
Ayres Cl. EX39: Bide 4G **31**
Aysha Gdns. EX39: W Ho 4C **28**
Azes La. EX32: B'aple 6D **18**

B

Babbages EX31: Bick 1F **23**
BABLEIGH 5B 26
Bableigh Rd. EX32: Land 2B **26**
Backaborough La. *EX39: Bide 4D **30***
(off Capern Rd.)
Backfield EX39: App 2H **29**
Badgaver La. EX34: C Mar 5H **9**
Bakers Ct. La. EX35: Lynt 2B **34**
Bakery Way EX32: Land 2B **26**
Ballards Cres. EX31: Yell 3F **21**
Ballards Gro. EX31: Yell 3F **21**
Ballards Way EX31: Yell 3F **21**
Balmoral Ho. EX31: B'aple 4B **18**
Balmoral Ter. *EX34: Ilfra 3D **6***
(off St Brannock's Pk. Rd.)
Bank End *EX39: Bide 1F **31***
(off Chanters Rd.)
Bank Ter. EX34: Wool 5C **4**
Barbican Cl. EX32: B'aple 1D **24**
Barbican La. EX32: B'aple 1E **25**
Barbican Pl. *EX32: B'aple 1D **24***
(off Trinity St.)
Barbican Rd. EX32: B'aple 1D **24**
Barbican Ter. EX32: B'aple 1D **24**
BARBROOK 5B 34
Barbrook Rd. EX35: Bar, Lynt 5B **34**
Barleycorn Flds. EX32: Land 2B **26**
Barlow Rd. EX31: B'aple 4D **18**
Barn Cl. EX32: B'aple 2F **25**
Barnfield Cl. EX33: Brau 6F **13**

Barn Pk.—Chapel Pk. Cl.

Barn Pk. EX33: Wraf 2F 15
Barn Pk. Rd. EX31: Frem 2A 22
Barns Pas. *EX34: Ilfra 3D 6*
(off High St.)
BARNSTAPLE 6C 18
Barnstaple Bus Station 6D 18
Barnstaple Castle Mound 6C 18
Barnstaple Heritage Cen. 6C 18
Barnstaple Hill EX32: Swim 4G 27
Barnstaple (Park & Ride) 3D 24
Barnstaple Retail Pk.
EX31: B'aple 1C 24
Barnstaple Station (Rail) 1C 24
Barnstaple St. EX36: S Mol 3F 35
EX39: Bide 4F 31
Barnstaple Western By-Pass
EX31: B'aple, Taw 5A 18
Baron Ct. EX31: Rou 4G 23
Baron Way EX31: Rou 4G 23
Barton Av. EX33: Brau 6E 13
Barton Cl. EX33: Brau 1F 15
Barton Ct. EX34: Wool 5B 4
Barton Dr. EX32: B'aple 1F 25
Barton Ga. La. EX34: C Mar 4E 9
Barton Hill EX34: Ber 3C 8
Barton La. EX33: Brau 6E 13
EX34: Ber 4B 8
Barton La. Cl. EX33: Brau 1E 15
Barton Rd. EX32: B'aple 1G 25
EX34: Wool 5B 4
Barton Tors EX39: Bide 4G 31
Barum Ct. EX32: B'aple 1D 24
Barum Gate Bus. Pk.
EX32: B'aple 2G 25
Bassett Cl. EX33: Brau 6E 13
Bassetts Cl. EX39: Nort 3E 29
Bastard's La. EX38: G Tor 2E 33
Bath Ct. EX39: W Ho 4B 28
Bath Hotel Rd. EX39: W Ho 4B 28
Bath Pl. EX34: Ilfra 2D 6
Bath Ter. EX39: Ins 5B 20
Bay Vw. Ct. EX39: Nort 5E 29
Bay Vw. Farm Cvn. & Camping Pk.
EX33: Croy 4C 10
Bay Vw. Rd. EX34: Wool 4B 4
EX39: Nort 5B 28
Beach Rd. EX33: Croy 2B 10
EX34: Ilfra 2H 7
EX34: Wool 5B 4
EX39: W Ho 4C 28
Beachside Holiday Pk.
EX34: Ilfra 2H 7
EX39: W Ho 4A 28
Beacon Castle EX34: Ilfra 2C 6
Beacon Hgts. EX33: Brau 5F 13
Beam House 1A 32
Beards Rd. EX31: Frem 2B 22
Bear St. EX32: B'aple 6C 18
Beaufort Wlk. EX32: B'aple 5E 19
Becklake Cl. EX31: Rou 3F 23
Bedford Row EX32: B'aple 6C 18
Bedford St. *EX32: B'aple 6D 18*
(off Buller Rd.)
Beech Bank EX39: Bide 5B 30
Beech Cl. EX31: Rou 3G 23
Beechfield Cl. *EX31: Frem 2A 22*
(off Thornlea Av.)
Beechfield Rd. EX31: Frem 2A 22
Beech Gro. EX31: B'aple 4C 18
EX33: Brau 4D 12
Beech Gro. Ter. EX31: B'aple 4C 18
Beech Pk. EX31: Frem 2B 22
Beechwood Av. EX31: B'aple 2A 24
Beechwood Cl. EX31: B'aple 1A 24
Beetland La. EX35: Lynt 5D 34
Beggars Roost EX35: Bar 5B 34
Bellaire EX31: B'aple 4B 18
Bellaire Dr. EX31: B'aple 4B 18
Belle Mdw. Ct. *EX32: B'aple 6C 18*
(off Albert La.)
Belle Mdw. Rd. EX32: B'aple 1C 24
Belle Vue Av. EX35: Lynt 2B 34
Belle Vue Cross EX38: G Tor 1H 33
Belle Vue Ter. EX39: Bide 3D 30
Belmont EX32: B'aple 6D 18
Belmont Av. EX34: C Mar 4E 9
EX34: Ilfra 3C 6
Belmont Rd. EX32: B'aple 5D 18
EX34: Ilfra 3C 6
Belvedere Rd. EX34: Ilfra 3D 6
Belvoir Rd. EX39: Bide 3D 30
Benning Ct. EX31: B'aple 5H 17
Benson Dr. EX39: Nort 5F 29
Berkeley Pl. *EX34: Ilfra 3D 6*
(off Highfield Rd.)
Berry La. EX34: Ber 3D 8
BERRYNARBOR 4B 8
Berrynarbor Pk. EX34: Ber 5B 8
Berry Rd. EX32: B'aple 1F 25
EX33: Brau 4F 13
Bestridge Mdw. EX32: Swim 4H 27
Best's La. EX38: G Tor 2F 33
Bevan Rd. EX32: B'aple 1D 24
Bevil Cl. EX39: Bide 4D 30
Bias La. *EX33: Brau 5E 13*
(off Chaloner's Rd.)
Bicclescombe *EX34: Ilfra 4D 6*
(off Bicclescombe Gdns.)
Bicclescombe Gdns. EX34: Ilfra 4D 6
Bicclescombe Pk. Rd.
EX34: Ilfra 4D 6
BICKINGTON 2F 23
Bickington Hill EX31: Bick 2F 23
Bickington Lodge EX31: Bick 1E 23
Bickington Pk. EX31: Bick 2F 23
Bickington Rd.
EX31: B'aple, Bick 1D 22
BICKLETON 4H 21
Bicton St. EX32: B'aple 5D 18
Biddiblack Way EX39: Bide 3G 31
BIDEFORD 3E 31
Bideford Arts Cen. *3E 31*
(off The Quay)
Bideford Bus. Pk. EX39: Bide 5H 31
BIDEFORD HOSPITAL 3D 30
Bideford Quay Fountain 3F 31
Bideford Railway Museum &
Tarka Trail Vis. Cen. 4F 31
Bidna La. EX39: Nort 3G 29
Big Sheep, The 4A 30
Bilton Ter. *EX39: Bide 4E 31*
(off Buttgarden St.)
Bingham Cres. EX32: B'aple 6E 19
Birch La. EX31: Rou 3H 23
Birch Rd. EX32: Land 1B 26
(not continuous)
Birdswell La. EX34: Ber 4A 8
Birdwood Cres. EX39: Bide 3B 30
BISHOP'S TAWTON 6E 25
Bishop's Tawton Rd.
EX32: B'aple, B Taw 5D 24
Blackmore La. EX39: Bide 3B 30
Blackmore's Path EX35: Lynt 2B 34
Blakeland Rd. EX31: Frem 2A 22
Blakes Hill Rd.
EX32: Land, Swim 1B 26
Blind Acres La. EX33: Brau 4A 12
Blind La. EX34: Ber 4A 8
Blyth Ct. EX39: W Ho 5A 28
Boards Ct. EX39: Bide 4F 31
Bonnicott La. EX33: Croy 4B 10
BOODE 3H 13
Boode Rd. EX33: Boo, Brau 4F 13
Borner's Bri. EX36: S Mol 1G 35
Borough Farm 3H 5
Borough Rd. EX34: C Mar 3E 9
EX38: G Tor 3G 33
Borough Vw. EX38: G Tor 3G 33
Bottoms La. EX33: Geo 3H 11
Bountice La. EX34: Ber 6A 8
Boutport St. EX31: B'aple 5C 18
BOWDEN GREEN 5C 30
Bowden Grn. EX39: Bide 5C 30
Bowen Ct. EX33: Brau 6E 13
Bowering Ct. *EX32: B'aple 2E 25*
(off Cyprus Ter.)
Bowhay La. EX34: C Mar 5G 9
Bowling Grn. La. EX34: C Mar 5G 9
Braddicks Holiday Cen.
EX39: W Ho 4A 28
Bradford Ct. EX39: Nort 5F 29
BRADIFORD 4B 18
Bradiford EX31: B'aple 4B 18
Bradwell Rd. EX34: Ilfra 3C 6
EX34: Wool 6H 5
Brahms Way EX32: B'aple 6F 19
Brake Wood Cl. EX31: Frem 2A 22
Bramble Path EX32: Land 2C 26
Bramble Wlk. EX31: Rou 2G 23
Bramley Mdw. EX32: Land 2D 26
Brannam Ct. EX31: Rou 3G 23
Brannam Cres. EX31: Rou 3F 23
Brannams Sq. *EX32: B'aple 1D 24*
(off Kiln La.)
Brannams Wlk. *EX32: B'aple 1D 24*
(off Litchdon St.)
BRAUNTON 5E 13
Braunton & District Mus. 5E 13
Braunton Burrows Nature Reserve
. . . . . 6D 10
Braunton Countryside Cen. *5E 13*
(off Caen St.)
Braunton Gt. Fld. EX33: Brau 6C 12
Braunton Rd. EX31: B'aple 4H 17
Brecon Cl. EX39: Bide 4H 31
Brennacott Pl. *EX39: Bide 5B 30*
(off Brennacott Rd.)
Brennacott Rd. EX39: Bide 5B 30
Brentwood Gdns. *EX34: Ilfra 3F 7*
(off Channel Vw.)
Brewer Rd. EX32: B'aple 1F 25
Bridge Chambers Bus. Cen.
EX31: B'aple 6C 18
Bridge Ct. EX32: Land 2B 26
Bridgeland St. EX39: Bide 3E 31
Bridge La. EX39: Ins 6B 20
Bridge Plats Way EX39: Bide 3B 30
Bridge St. EX39: Bide 4E 31
Brightlycott Barton EX31: Shir 2H 19
Britannia Row *EX34: Ilfra 2E 7*
(off Broad St.)
Britannia Way EX39: W Ho 4D 28
Britten Dr. EX32: B'aple 6E 19
Brittons, The EX33: Brau 6F 13
Brittons Cl. EX33: Brau 6F 13
Broadclose Rd. EX31: B'aple 2A 24
Broadfield Rd. EX32: B'aple 1D 24
Broadgate Cl. EX31: B'aple 4B 18
EX33: Brau 5E 13
Broadlands EX39: Bide 4H 31
EX39: Nort 3E 29
Broad La. EX33: Brau, Lob 4A 12
EX39: App 2G 29
Broadmead Bungs.
EX32: B'aple 3F 25
Broadmead Gdns. EX35: Lynt 2B 34
Broad Pk. Av. EX34: Ilfra 4C 6
Broad Pk. Cl. EX33: Croy 3C 10
EX34: Ilfra 4C 6
Broad Pk. Cres. EX34: Ilfra 4C 6
Broad St. EX34: Ilfra 2E 7
EX36: S Mol 3F 35
Broadway EX31: Frem 2C 22
Broadway La. EX33: Croy 1B 10
Broady Strap EX31: Frem 2C 22
Brook Ct. EX31: Rou 2G 23
Brookdale Av. EX34: Ilfra 3C 6
Brookdale Ter. *EX32: B'aple 1E 25*
(off Victoria St.)
Brookfield EX39: Bide 5C 30
Brookfield Cl. EX33: Brau 6E 13
Brookfield Pl. EX34: Ilfra 3D 6
Brookfield St. EX39: Bide 4F 31
Brook Mdw. EX36: S Mol 3G 35
Brookside EX31: Bick 2F 23
Brookside Vs. EX34: C Mar 5G 9
Brynhyfryd Gdns. EX31: B'aple 4H 23
Brynsworthy La.
EX31: Bick, Rou 3F 23
Brynsworthy Pk. EX31: Rou 2G 23
Brynworthy Ct. EX31: Rou 3F 23
Buckingham Cl. EX36: S Mol 4F 35
Buckland Cl. EX39: Bide 5C 30
Buckland Cross EX33: Brau 4D 12
Buckland Rd. EX33: Geo 2H 11
EX39: Bide, Lit 6A 30
BUCKLEIGH 5B 28
Buckleigh Grange EX39: W Ho 5B 28
Buckleigh Rd. EX39: W Ho 5B 28
Bude St. EX39: App 2H 29
Bulgis Pk. EX36: S Mol 2E 35
Bull Ct. EX31: B'aple 6C 18
Buller Rd. EX32: B'aple 6D 18
Bull Hill EX31: B'aple 4C 18
EX39: Bide 4E 31
Burlington Cl. EX32: B'aple 3E 25
Burlington Gro. EX32: B'aple 3E 25
Burnside Rd. EX34: Ilfra 5C 6
Burrough Lawn *EX39: Nort 5F 29*
(off Burrough Rd.)
Burrough Rd. EX39: Nort 5F 29
Burrow Rd. EX34: Ilfra 3D 6
Burrows Centre 1D 28
Burrows Cl. EX33: Brau 6D 12
Burrows Cl. La. EX33: Brau 4A 12
Burrows La. EX39: App 2F 29
Burrows Pk. EX33: Brau 6D 12
(not continuous)
Burrows Way EX39: Nort 3E 29
Burton Art Gallery & Museum 2E 31
Burton Rd. EX39: Bide 4C 30
Burvill St. EX35: Lynt 2B 34
Burwood La. EX38: G Tor 3G 33
Burwood M. EX38: G Tor 4H 33
Burwood Rd. EX38: G Tor 3G 33
Bushens, The EX32: B Taw 6D 24
Butchers Row EX31: B'aple 6C 18
EX39: Bide 4E 31
(off Market Pl.)
Buttercombe La. EX33: Brau 4G 13
Buttgarden St. EX39: Bide 4E 31
Butts Path EX33: Brau 5E 13
(not continuous)
Buzzacott Cl. EX34: C Mar 6H 9
Buzzacott La. EX34: C Mar 6H 9
Bydown EX32: Swim 6H 27
Byeways Cl. EX31: Frem 2C 22
Byron Cl. EX31: B'aple 4C 18

C

Caddsdown Ind. Pk. EX39: Bide 6B 30
Caddywell La. EX38: G Tor 3G 33
Caddywell Mdw. EX38: G Tor 3G 33
Caen Fld. EX33: Brau 6E 13
Caen Fld. Shop. Cen.
EX33: Brau 5E 13
Caen Gdns. EX33: Brau 5E 13
Caen St. EX33: Brau 5E 13
Caen Vw. EX33: Brau 6D 12
Cairn Pleasure Ground &
Old Railway Reserve 5C 6
Cairn Rd. EX34: Ilfra 4D 6
Cairnside EX34: Ilfra 5D 6
Cake Down La. EX36: S Mol 3H 35
Calf St. EX38: G Tor 3F 33
Calvados Ho. *EX32: B'aple 6D 18*
(off Bevan Rd.)
Calvesford Cl. EX38: G Tor 2G 33
Calvesford Rd. EX38: G Tor 3G 33
Cambridge Gro. EX34: Ilfra 3E 7
Campion Dr. EX32: B'aple 6H 19
Candar, The EX34: Ilfra 2D 6
Capern Cl. EX33: Wraf 1F 15
Capern Rd. EX39: Bide 4D 30
Capstone Ct. EX34: Ilfra 3F 7
Capstone Cres. EX34: Ilfra 2E 7
Capstone Pde. EX34: Ilfra 1D 6
Capstone Pl. *EX34: Ilfra 2E 7*
(off Capstone Rd.)
Capstone Rd. EX34: Ilfra 2E 7
Carlton Ter. *EX32: B'aple 1D 24*
(off Barbican Rd.)
Carlyle Av. EX32: B'aple 5D 18
Carnegie Nth. *EX39: Nort 5F 29*
(off Clevelands Pk.)
Carnegie Sth. *EX39: Nort 5F 29*
(off Clevelands Pk.)
Carrington Ter. *EX32: B'aple 5D 18*
(off Yeo Vale Rd.)
Castle Ct. EX32: Land 2C 26
Castle Hgts. EX35: Lynt 2C 34
Castle Hill EX34: Ber 4B 8
EX34: Ilfra 2E 7
EX35: Lynt 2C 34
Castle Hill Av. EX34: Ilfra 3E 7
Castle Hill Gdns. EX38: G Tor 3F 33
Castle Hill Vis. Cen. 4E 33
Castle La. EX33: Brau 1E 13
Castle Mill EX32: Land 2C 26
Castle Pk. Rd. EX32: B'aple 2H 25
Castle Quay EX31: B'aple 6C 18
Castle Quay Ct. EX31: B'aple 6B 18
Castle Rock EX34: Mort 3A 4
Castle St. EX31: B'aple 6C 18
EX34: C Mar 5G 9
EX38: G Tor 3F 33
EX39: Nort 5E 29
Castle Ter. EX34: Ilfra 3E 7
Cater Rd. EX32: B'aple 1E 25
Cat La. EX34: Ilfra 3G 7
Catshole La. EX39: Bide 5D 30
Causeway Cl. EX39: Nort 4F 29
Cavendish Pl. EX35: Lynt 2B 34
Cavie Cres. EX33: Brau 5C 12
Cavie Rd. EX33: Brau 5C 12
Cedar Gro. EX31: Rou 3G 23
Cedars Pk. EX31: B'aple 1G 23
Cedar Way EX39: Bide 5B 30
Central Cinema, The
Scott Cinemas 6C 18
Century Dr. EX39: Nort 5D 28
Ceramic Ter. *EX32: B'aple 1D 24*
(off Trinity St.)
Chaddiford La. EX31: B'aple 4A 18
Challacombe Cl. *EX32: Land 2C 26*
(off Blakes Hill Rd.)
Challacombe Hill EX34: Wool 6B 4
Challacombe Hill Rd.
EX34: Wool 5B 4
Challowell La. EX33: Brau 3D 12
Chaloner's Rd. EX33: Brau 4E 13
CHAMBERCOMBE 3F 7
Chambercombe La. EX34: Ilfra 3G 7
Chambercombe Manor 4G 7
Chambercombe Pk. Rd.
EX34: Ilfra 3F 7
Chambercombe Pk. Ter.
EX34: Ilfra 3F 7
Chambercombe Rd. EX34: Ilfra 3F 7
Chambercombe Ter. EX34: Ilfra 3F 7
Champernowne Cres.
EX34: Ilfra 3F 7
Chandlers Ct. EX39: Ins 6B 20
Chandlers Way EX34: Ilfra 5D 6
Channel Vw. EX34: Ilfra 4F 7
EX34: Mort 2C 4
Channel Vw. Cvn. & Camping Pk.
EX35: Lynt 4C 34
Chanter's Hill EX32: B'aple 6E 19
Chanters Rd. EX39: Bide 2E 31
(not continuous)
Chantry Av. EX39: Bide 2E 31
Chapel Cl. EX33: Brau 5E 13
Chapel Ct. EX32: Swim 5H 27
Chapel La. EX34: C Mar 4F 9
Chapel Pk. Cl. EX39: Bide 3G 31

A-Z Barnstaple 37

Chapel St.—Fairway Cl.

Chapel St. EX33: Brau 6E 13
EX33: Geo 2G 11
EX39: Bide 3E 31
Charles Av. EX39: Bide 2E 31
Charles Dart Cres.
EX32: B'aple 5D 18
Charles Hudson La.
EX31: B'aple 4D 18
Charles St. EX32: B'aple 5C 18
Charter Ct. EX31: Rou 3F 23
Cheriton Rd. EX35: Lynt 5D 34
Cherry Arbour EX32: B'aple 2F 25
Cherry Gro. EX32: B'aple 3F 25
Cherry Pk. EX39: App 2G 29
Cherry Tree Dr. EX32: Land 2B 26
Cherry Tree Farm Campsite
EX33: Croy 2B 10
Chester Ter. *EX32: B'aple 1D 24*
(off Barbican Rd.)
Chestnut Cl. EX33: Brau 5F 13
Chestnut Dr. EX39: Bide 5B 30
CHESTWOOD 5E 25
Chestwood Av. EX31: B'aple 2H 23
Chestwood Cl. EX31: B'aple 2A 24
Cheyne Beach EX34: Ilfra 2E 7
Chichester Cl. EX32: B'aple 3E 25
EX34: Ilfra 4C 6
EX39: Ins 5B 20
Chichester Ct. *EX32: B'aple 6F 19*
(off Valley Cl.)
Chichester Cres. EX32: B'aple 3E 25
Chichester Pk. EX34: Wool 5C 4
Chichester Rd. EX32: B'aple 3E 25
Chichester's Yd. *EX33: Brau 6E 13*
(off Exeter Rd.)
Chichester Way EX39: W Ho 5B 28
CHILDREN'S HOSPICE S.W.
LITTLE BRIDGE HOUSE 2C 22
Chilpark EX31: Frem 2A 22
Chingswell St. EX39: Bide 3E 31
Chipmunk Wlk. EX32: B'aple 6E 19
Chircombe La. EX39: Nort 6F 29
CHIVENOR 3A 16
Chivenor Cvn. Pk. EX31: C'nor 2A 16
Chivenor Ind. Est. EX31: C'nor 3A 16
Chope Rd. EX39: Nort 5E 29
Chopes Cl. EX39: Bide 5H 31
Chubb Rd. EX39: Bide 5G 31
Chudleigh EX39: Bide 3F 31
Chudleigh Av. EX39: Bide 4F 31
Chudleigh Fort 4F 31
Chudleigh Rd. EX39: Bide 4F 31
Chudleigh Ter. EX39: Bide 4F 31
Chugg's Orchard EX33: Croy 3D 10
Churchfield EX39: App 1H 29
Churchford Rd. EX33: Know 1F 13
Church Gro. EX32: B'aple 2E 25
Church Hill EX31: Frem 2B 22
EX34: Ilfra 3C 6
EX35: Lynt 2C 34
Church Hill La. EX33: Know 1F 13
Churchill Cl. EX32: B'aple 5E 19
Churchill Cres. EX36: S Mol 4F 35
Churchill Rd. EX39: Bide 5G 31
Churchill Way EX39: App, Nort 5E 29
Church Lake EX32: Land 2B 26
Church La. *EX31: B'aple 6C 18*
(off High St.)
EX32: Swim 5H 27
EX38: G Tor 3E 33
Church Mdw. EX32: Land 2B 26
Church Path EX31: B'aple 4B 18
Church Rd. EX33: Geo 2G 11
EX34: Ilfra 3C 6
Church St. EX33: Brau 4E 13
EX34: C Mar 5G 9
EX34: Ilfra 3D 6
EX36: S Mol 3F 35
Church Wlk. EX38: G Tor 3E 33
EX39: Bide 4E 31
(off Buttgarden St.)
Church Yd. EX36: S Mol 3F 35
Cintra Ter. EX39: Bide 1E 31
Clarence Cotts. *EX34: Ilfra 2D 6*
(off Belvedere Rd.)
Clarke's La. EX33: Brau 2D 12
Claude Dix Cl. EX31: B'aple 5D 18
Cleave EX39: Nort 6G 29
Cleave Cl. EX31: B'aple 1A 24
Cleave Pk. EX31: Frem 2C 22
Cleave Point EX31: B'aple 1B 24
Cleave Rd. EX31: B'aple 1A 24
Cleavewood Dr. EX39: Bide 4H 31
Cleavewood Holiday Pk.
EX34: Wool 6G 5
Clement's La. EX32: Land 6A 26
Clevelands Pk. EX39: Nort 5E 29
Cleveland Ter. *EX39: W Ho 4B 28*
(off Atlantic Way)
Clifton Ct. *EX34: Ilfra 3D 6*
(off High St.)
EX39: W Ho 5A 28
Clifton Pl. *EX34: Ilfra 3D 6*
(off Belvedere Rd.)
Clifton St. EX31: B'aple 1C 24
EX39: Bide 4F 31
Clifton Ter. EX31: B'aple 1B 24
EX39: Nort 4F 29
(off Northcott Gdns.)
Clinket La. EX33: Boo 2G 13
Clinton Rd. EX32: B'aple 3E 25
Clinton Ter. EX32: B'aple 2E 25
EX38: G Tor 3D 32
(off New St.)
Cliveden Rd. EX39: Bide 5H 31
Clooneavin Path EX35: Lynm 2C 34
Close, The EX32: B'aple 6F 19
Cloutman's La. EX33: Croy 3C 10
Clovelly Apartments *EX34: Ilfra 3D 6*
(off Oxford Pk.)
Clovelly Cl. EX39: Bide 4C 30
Clovelly Gdns. Nth. EX39: Bide 4D 30
Clovelly Gdns. Sth. EX39: Bide 4D 30
Clovelly Rd. EX39: Bide 5A 30
Clovelly Rd. Ind. Est.
EX39: Bide 5A 30
Clover Way EX32: B'aple 1H 25
Cluden Rd. EX39: Nort 5E 29
Coach Dr. EX39: Bide 6E 31
Coburg Ter. EX34: Ilfra 2E 7
CODDEN 6G 25
Coldharbour EX39: Bide 3E 31
Coldstream Pl. *EX39: Bide 4D 30*
(off Clovelly Rd.)
College Cl. EX39: W Ho 5B 28
College Ct. EX31: B'aple 2A 24
College Grn. EX39: Bide 3D 30
Colley Pk. Rd. EX33: Brau 6E 13
Colombelles Cl. EX31: Frem 2B 22
Combas La. EX33: Croy 3D 10
COMBE MARTIN 4F 9
Combe Martin Beach Holiday Pk.
EX34: C Mar 3E 9
Combe Martin Mus. 3E 9
Combe Pk. EX34: Ilfra 3F 7
COMBREW 2D 22
Combrew La. EX31: Bick 2D 22
Comers La. EX34: C Mar 5G 9
Commercial Rd. EX31: B'aple 6C 18
Commodore Cl. EX39: W Ho 4D 28
Common Moors La.
EX36: S Mol 1E 35
Comyn Hill EX34: Ilfra 4F 7
Concorde Dr. EX32: B'aple 5F 19
Conduit La. *EX39: Bide 3E 31*
(off The Quay)
Coney Av. EX32: B'aple 2E 25
Coney Pk. La. EX34: C Mar 5G 9
Congram's Cl. EX32: B'aple 2E 25
Connaught Pl. *EX32: B'aple 6C 18*
(off Silver St.)
Constitution Hill EX32: B'aple 6E 19
Convent Cl. EX32: B'aple 3F 25
Conybeare Dr. EX39: Nort 5D 28
Cooks Cross EX36: S Mol 4F 35
Coombes, The EX31: Rou 3F 23
Coopers Dr. EX31: Rou 3G 23
Cooper St. EX39: Bide 3E 31
Copley Dr. EX31: B'aple 2A 24
Coppice Cl. EX31: Frem 1B 22
EX32: B'aple 2H 25
Coppice Ga. EX32: B'aple 2F 25
Copp's Cl. EX39: Bide 2D 30
Copse, The EX31: Rou 2G 23
Coral Av. EX39: W Ho 4C 28
Corilhead Rd. EX33: Brau 3E 13
Cormelles Ct. EX34: C Mar 5G 9
Cornborough Rd. EX39: W Ho 5A 28
Corner La. EX34: C Mar 5G 9
Cornflower Cl. EX31: Rou 2G 23
Cornmarket St. EX38: G Tor 3F 33
Corn Mill Cl. EX34: Ilfra 3G 7
Coronation Rd. EX39: Bide 4D 30
Coronation St. EX32: B'aple 5C 18
Coronation Ter. EX34: Ilfra 2E 7
Corporation Cres. *EX32: B'aple 3E 25*
(off Corporation Ter.)
Corporation St. EX32: B'aple 2E 25
Corporation Ter. EX32: B'aple 2E 25
Cot Mnr. *EX32: B'aple 2E 25*
(off Landkey Rd.)
Cottage Cl. EX33: Know 1F 13
Cottage Homes *EX36: S Mol 4G 35*
(off Alswear New Rd.)
Cottingham Cres. EX39: Bide 2D 30
Cott La. EX33: Croy 4C 10
Countisbury Hill EX35: Lynm 2C 34
County Court
Barnstaple 6B 18
Courtyard, The EX36: S Mol 1F 35
Cow La. EX34: Ilfra 2D 6
Cowpark Ter. EX39: Nort 4E 29
Cranleigh Ter. *EX34: C Mar 4F 9*
(off King St.)
Crescent Av. EX31: B'aple 2A 24
Croft Lea EX34: Ber 5B 8
Croftside EX34: Ilfra 3D 6
Crofts Lea Pk. EX34: Ilfra 3F 7
Croftswood Gdns. EX34: Ilfra 4F 7
Croftswood Vs. EX34: Ilfra 3F 7
Cromwell Cl. EX38: G Tor 2H 33
CROSS 3E 11
Cross Cl. EX31: Frem 2A 22
Cross Farm Ct. EX32: B Taw 6E 25
Crosslands EX31: B'aple 1H 23
Cross La. EX34: Ber 4B 8
Crossmead EX35: Lynt 2B 34
Cross Mdws. EX31: Rou 3F 23
Cross Pk. EX34: Ilfra 2D 6
Crosspark Cl. EX31: B'aple 4B 18
Cross St. EX31: B'aple 6C 18
EX34: C Mar 3E 9
EX35: Lynt 2B 34
EX39: Nort 4E 29
Cross Tree Cen. EX33: Brau 5E 13
Crossway Country Cvn. Pk.
EX32: Land 3F 27
Crowbeare Mdw. EX38: G Tor 2G 33
CROWBOROUGH 2H 11
Crowborough La. EX33: Geo 2G 11
Crowborough Rd. EX33: Geo 2H 11
Crow Vw. EX32: B'aple 6F 19
CROYDE 3D 10
CROYDE BAY 2B 10
Croyde Bay Holiday Village
EX33: Croy 4B 10
Croyde Rd. EX33: Croy, Saunt 5A 10
Cruffen La. EX33: Lob 2C 12
Culm Cl. EX39: Bide 3G 31
Currington Mdw. EX31: Bick 2F 23
(not continuous)
Curve Acre EX33: Brau 6F 13
Cutterburrow La. EX33: Brau 6D 12
Cyprus Ter. EX32: B'aple 2E 25

D

Daddon Hill EX39: Nort 5D 28
Damage Barton Cvn. & Camping Site
EX34: Mort 2E 5
Dane Ct. EX39: Nort 5F 29
Danes, The 1A 34
Daneshay EX39: Nort 4F 29
Dark La. EX31: B'aple 4C 18
DARRACOTT 3H 11
Darracott EX38: G Tor 1G 33
Darracotts Ct. EX39: App 1H 29
Dart Cl. EX31: C'nor 3H 15
Dartington Cl. EX38: G Tor 2G 33
Dartington Crystal Vis. Cen. 2E 33
Dartington Flds. EX38: G Tor 2G 33
Dart Pk. EX36: S Mol 3G 35
David Cl. EX33: Brau 6E 13
David's Hill EX33: Geo 2G 11
Deane Cl. EX33: Know 1F 13
Deans Cl. EX39: Nort 4E 29
Deans La. EX36: S Mol 2G 35
Deans Pk. EX36: S Mol 2G 35
Deerhill La. EX36: S Mol 1E 35
Deer Pk. Rd. EX32: B'aple 4F 25
Deer Wood Vw. EX32: B Taw 6E 25
Denes Cl. EX32: Land 2B 26
Denes Rd. EX32: Land 2B 26
Dennington Hill EX32: Swim 5G 27
Deptford Vs. EX31: B'aple 2H 23
Derby Rd. EX32: B'aple 5D 18
Devonshire Pk. EX39: Bide 5E 31
Dewberry Dr. EX31: Rou 2G 23
Diamond St. EX32: B'aple 1C 24
Dibbon's La. EX34: Linc 6A 6
Dick Hills La. EX38: G Tor 3F 33
Diddywell Cl. EX39: Nort 3F 29
Diddywell Rd. EX39: Nort 4E 29
Doe Ct. EX38: G Tor 3F 33
Doggie La. EX34: Ilfra 5B 6
Dolphin Ct. EX39: Nort 4D 28
Donn Gdns. EX39: Bide 3G 31
Doone Way EX34: Ilfra 4D 6
Dovedale Cl. EX34: Ilfra 3G 7
Down End EX33: Croy 4B 10
Down La. EX33: Brau 5F 13
EX33: Croy 4D 10
Downs Rd. EX39: Ins 6C 20
Dracaena Av. EX31: B'aple 1H 23
Drake Cl. EX39: W Ho 5A 28
Drapers Cl. EX34: C Mar 6H 9
Duckpool Rd. EX31: C'nor 3A 16
Dudley Vw. EX39: W Ho 5A 28
Dudley Way EX39: W Ho 5A 28
Duke St. EX36: S Mol 3F 35
Dunes, The EX39: Ins 5B 20
Dune Vw. EX39: W Ho 4C 28
Dune Vw. (Mobile Home Pk.)
EX33: Brau 4C 12
Dune Vw. Rd. EX33: Brau 5C 12
Dunning Grn. EX31: B'aple 2H 23
Dunns Cl. EX33: Wraf 1G 15
Durrant Cl. EX39: Nort 6F 29
Durrant La. EX39: Nort 6F 29
Dursley Way EX39: Bide 3C 30
Dyers Cl. EX33: Brau 5E 13
Dymond Rd. EX39: Bide 4D 30

E

Easewell Farm Holiday Pk.
EX34: Mort 2C 4
EASTACOMBE 6G 23
Eastacombe La. EX31: H Pun 1H 15
Eastacombe Ri. EX31: H Pun 1H 15
Eastacott La. EX34: Wool 5E 5
Eastbourne Ter. EX39: W Ho 3C 28
E. Challacombe La.
EX34: C Mar 3H 9
Easter Ct. EX31: Rou 3G 23
Easter La. EX34: Ber 4B 8
Easterley Ter. *EX31: B'aple 2H 23*
(off Bickington Rd.)
Eastern Av. EX32: B'aple 1E 25
Easter St. EX32: B Taw 6E 25
East Hill EX33: Brau 5E 13
East Mdw. Rd. EX33: Brau 4C 12
East Pk. Rd. EX32: B'aple 2G 25
E. Ridge Vw. EX39: Bide 4F 31
East St. EX32: B Taw 6E 25
EX33: Brau 5E 13
EX36: S Mol 3G 35
EX38: G Tor 3F 33
EAST-THE-WATER 4F 31
East Vw. Ter. EX39: Bide 4E 31
Eaton Villa *EX34: Ilfra 2E 7*
(off Montpelier Rd.)
Ebberly Lawn EX32: B'aple 6D 18
Ebberly Ter. *EX32: B'aple 6D 18*
(off Bear St.)
Eddy's La. EX32: B'aple 2E 25
Edgehill Theatre 2C 30
Edwards Dr. EX39: W Ho 4D 28
Elgar Cl. EX32: B'aple 6F 19
Elizabeth Cl. EX31: B'aple 3A 24
Elizabeth Dr. EX31: B'aple 2A 24
Ellerslie Rd. EX31: B'aple 2G 23
Elliott Cl. EX32: B'aple 1F 25
Elliott Gallery, The 2F 13
Elmdale Rd. EX39: Bide 2E 31
Elmfield Rd. EX31: Bick 2E 23
Elmfield Ter. *EX39: Nort 4F 29*
(off Oxmans La.)
Elm Gro. EX39: Bide 3D 30
Elmlea Av. EX31: Frem 2A 22
Elmscott Ter. *EX39: Bide 3E 31*
(off Pitt La.)
Elm Ter. EX39: Ins 6B 20
Elysian Ct. EX36: S Mol 3G 35
Embassy Cinema, The
Merlin Cinemas 2D 6
Ennisfarne Rd. EX39: W Ho 4A 28
Ensign Ct. EX39: W Ho 4D 28
Eskil Pl. EX38: G Tor 2E 33
Esplanade, The EX34: Wool 4A 4
EX35: Lynm 1B 34
Estuary Bus. Pk. EX31: Yell 2D 20
Estuary Vw. EX31: Yell 4D 20
EX39: Nort 3F 29
Ethelwynne Brown Cl.
EX39: Bide 3F 31
Eton Cl. EX39: Bide 2D 30
Europa Pk. EX34: Wool 5E 5
Exe Cl. EX31: C'nor 3H 15
Exeter Ga. EX36: S Mol 4F 35
Exeter Inn Ct. *EX32: B'aple 1D 24*
(off Litchdon St.)
Exeter Rd. EX32: B Taw 5D 24
EX33: Brau, Wraf 6E 13
Exmoor National Pk. 2G 9, 3C 34
Exmoor National Pk. Vis. Cen. 1C 34
Exmoor Vw. EX36: S Mol 2F 35

F

Factory Ope *EX39: App 6A 20*
(off The Quay)
Fairacre Av. EX32: B'aple 2F 25
Fairfax Way EX38: G Tor 2H 33
Fairfield EX34: Ilfra 3E 7
Fairholme Rd. EX34: Wool 5B 4
Fairlea Cres. EX39: Nort 5D 28
Fairlea Gdns. EX39: Nort 5D 28
Fairlynch Cl. EX33: Brau 4C 12
Fairlynch Gro. EX33: Brau 4D 12
Fairlynch La. EX33: Brau 4C 12
Fair Vw. EX31: B'aple 5B 18
Fairway EX39: App 2G 29
Fairway, The EX33: Brau 5B 12
Fairway Cl. EX33: Brau 5C 12

38 A-Z Barnstaple

Fairways, The—Hunterswood

Fairways, The EX39: W Ho 4C 28
Fallow Flds. EX32: B'aple 3F 25
Farm Cl. EX31: Bick 4F 23
Farm Rd. EX39: Bide 6A 30
Ferndown Cl. EX39: Bide 3C 30
Fern Pk. EX34: Ilfra 3D 6
Fern Way EX34: Ilfra 3D 6
Field Cl. EX33: Brau 6D 12
Field End EX39: Bide 3C 30
Field La. EX31: Ashf 2F 17
EX33: Brau 6D 12
Fillablack Rd. EX39: Bide 3G 31
Firs Gro. EX32: B'aple 6E 19
First Raleigh EX39: Bide 2C 30
Fir Ter. EX36: S Mol 3G 35
Fishleigh Ct. EX31: Rou 3G 23
Fishleigh Rd. EX31: Rou 4G 23
Five Turnings EX34: C Mar 3F 9
Fletcher Ind. Est. EX39: Bide 5C 30
Flexa Pk. EX34: C Mar 4F 9
Folly Farm Cl. EX33: Brau 5D 12
Forches Av. EX32: B'aple 1E 25
Forches Gdns. EX32: B'aple 1E 25
FORDA 3F 11
Fordlands Cres. EX39: Bide 1D 30
Ford Ri. EX39: Bide 5E 31
Foreland Vw. EX34: Ilfra 4D 6
Forest Hill EX39: Bide 6E 31
Fore St. EX34: Ilfra 2E 7
EX38: G Tor 3F 33
EX39: Nort 5E 29
Fortescue Cl. EX33: Brau 6F 13
Fortescue Rd. EX32: B'aple 3E 25
EX34: Ilfra 2D 6
FORT HILL 6E 19
Fort Hill Dr. EX32: B'aple 6E 19
Fortmead Cl. EX32: B'aple 6D 18
Fort St. EX32: B'aple 6D 18
Fort Ter. *EX32: B'aple 6D 18*
(off Alexandra Rd.)
EX39: Bide 4F 31
Fosketh Hill EX39: W Ho 5B 28
Fosketh Ter. EX39: W Ho 5B 28
Four Acres EX39: Bide 3B 30
Four Oaks Cl. EX32: Land 1B 26
Fowey Rd. EX31: C'nor 3A 16
Foxbeare Rd. EX34: Ilfra 3G 7
Foxglove Cl. EX32: B'aple 1H 25
Foxhill EX39: Nort 5E 29
Foxhole La. EX39: Nort 5E 29
Francis Dr. EX39: W Ho 5A 28
Franklyn Av. EX33: Brau 6F 13
Frankmarsh Pk. EX32: B'aple 5E 19
Frankmarsh Rd. EX32: B'aple 5E 19
FREMINGTON 2B 22
Fremington Quay EX31: Frem 6C 16
Fremington Quay Heritage Cen. 6C 16
Friendship La. *EX34: Ilfra 2D 6*
(off High St.)
Frog La. EX33: Brau 5E 13
EX36: S Mol 2E 35
Frog St. EX34: Wool 5B 4
Frogstreet Hill
EX33: Forda, Geo 3F 11
Fulford Cl. EX39: Bide 5G 31
Funder Zone 2G 25
Furse Hill Rd. EX34: Ilfra 3D 6
Furzebeam Row EX38: G Tor 3D 32
Furzebeam Ter. *EX39: Bide 4F 31*
(off Torrington La.)
Furze Pk. EX34: C Mar 4E 9

G

Gainsborough Dr. EX39: W Ho 5A 28
Galleon Way EX39: W Ho 4D 28
Gammaton Rd. EX39: Bide 4G 31
Gammon Wlk. EX31: B'aple 6C 18
Garden Cl. EX33: Brau 5C 12
Gardens, The *EX31: B'aple 4C 18*
(off Higher Raleigh Rd.)
Gas La. EX38: G Tor 3F 33
Gate Fld. Rd. EX39: Bide 3B 30
Gavel, The EX36: S Mol 3G 35
Gaydon St. EX32: B'aple 6D 18
Genesis La. EX34: C Mar 4F 9
Geneva Ct. EX39: Bide 4D 30
Geneva Pl. EX39: Bide 4D 30
George Arc. EX36: S Mol 3G 35
GEORGEHAM 2G 11
Georgeham Rd.
EX33: Croy, Forda 3D 10
EX34: Wool 6F 5
George Nympton Rd.
EX36: S Mol 5F 35
George St. EX32: B'aple 5C 18
Gibbs La. *EX39: App 1H 29*
(off Market St.)
Gilbert Gro. EX34: Ilfra 2E 7
Gipsy La. EX34: Ilfra 3F 7
Girt La. EX34: C Mar 3H 9
Glazon Way EX39: Nort 3F 29
Glebe Ct. EX39: Nort 4E 29
Glebe Fld. EX33: Geo 2H 11
Glebefields EX39: Nort 5E 29
Glebelands EX33: Wraf 1G 15
Glenburnie Rd. EX39: Bide 2E 31
Glendale Ter. EX39: Bide 2E 31
Glenfield Rd. EX39: Bide 1E 31
Glen Gdns. EX39: Bide 1D 30
Glengarth Cl. EX39: Nort 6F 29
Glen Lyn Gorge 2C 34
Glentorr Rd. EX39: Bide 2E 31
Glenwood Dr. EX31: Bick 4F 23
Gloster Rd. EX32: B'aple 1D 24
Glove Ct. EX38: G Tor 3E 33
Goaman Rd. EX39: Bide 5G 31
Goats Hill Rd. EX39: Nort 5F 29
Godborough Vw. EX39: Bide 3B 30
Golden Bay Ct. EX39: W Ho 4A 28
Golden Bay Holiday Village
EX39: W Ho 4A 28
Golden Coast Holiday Village
EX34: Wool 5G 5
Golf Links Rd.
EX39: Nort, W Ho 4B 28
Goodgates Cl. EX33: Brau 5D 12
Goodgates Cres. EX33: Brau 5C 12
Goodgates Grn. EX33: Brau 5C 12
Goodgates Pk. EX33: Brau 5D 12
Goodgates Rd. EX33: Brau 5C 12
Goodleigh Rd. EX32: B'aple 6E 19
Goodwood Pk. Rd.
EX39: Nort 6F 29
Goose Grn. *EX38: G Tor 3G 33*
(off Calf St.)
Gora La. EX34: Wool 5C 4
Gorwell Rd. EX32: B'aple 5E 19
Gould Cl. EX32: B'aple 1E 25
Gould Rd. EX32: B'aple 1E 25
Grange, The EX33: Brau 6F 13
Grange Av. EX31: B'aple 3H 23
Grange Ct. *EX32: B'aple 5D 18*
(off Yeo Vale Rd.)
Grange Rd. EX39: Bide 4F 31
Granville Av. EX32: B'aple 5C 18
Granville Point EX34: Ilfra 2D 6
Granville Rd. EX34: Ilfra 2C 6
Grattan La. EX31: Mar 1G 17
Gratton Ct. EX31: Rou 3H 23
Grattons Dr. EX35: Lynt 2B 34
Gratton Way EX31: Rou 3H 23
Graynfylde Dr. EX39: Bide 3F 31
Gt. Burrow Ri. EX39: Nort 3E 29
Great Fld. Gdns.
EX33: Brau 6D 12
Gt. Hele La. EX36: S Mol 5F 35
GREAT TORRINGTON 3F 33
Great Torrington Common 2C 32
Great Torrington Golf Course 1C 32
Gt. Western Ind. Est.
EX32: B'aple 2E 25
Green, The EX31: Frem 2A 22
Greenacre EX33: Brau 5D 12
Greenacre Cl. EX39: Nort 4F 29
Greenbank EX38: G Tor 2G 33
Greenbank Cl. EX38: G Tor 2H 33
Greenbank Rd. EX32: B'aple 1F 25
Greenclose Rd. EX34: Ilfra 2D 6
Greenfield Cl. EX39: Bide 3C 30
Green Gdns. EX39: Nort 5D 28
Green La. *EX31: B'aple 6C 18*
(off High St.)
EX32: Swim 6C 26
EX33: Brau 5F 13
EX39: App 1H 29
Green Lanes Shop. Cen.
EX31: B'aple 6C 18
Greenmeadow Dr.
EX31: B'aple 5D 18
Greenways EX34: Ilfra 3C 6
Greenways Valley Holiday Pk.
EX38: G Tor 5G 33
Grenville Cl. EX36: S Mol 3F 35
Grenville Est. *EX39: Bide 5C 30*
(off Clovelly Rd.)
Grenville Est. Cres.
EX39: Bide 5C 30
Grenville St. EX39: Bide 3E 31
Grenville Ter. *EX39: Bide 4F 31*
(off Torrington La.)
EX39: Nort 4F 29
Greysand Cres. EX39: App 1H 29
Gribble Cl. EX32: B'aple 1F 25
Grieg Dr. EX32: B'aple 6E 19
Griggs Cl. EX39: Nort 5F 29
Griggs Gdn. EX31: Frem 2A 22
Grosvenor St. EX32: B'aple 6D 18
Grosvenor Ter. *EX32: B'aple 6D 18*
(off Bear St.)
Grove, The EX34: Wool 5B 4
Gubbin's La. EX33: Brau 6E 13
Gunswell La. EX36: S Mol 2E 35
Gwythers EX36: S Mol 3G 35

H

Hacche La. EX36: S Mol 1F 35
Hacche La. Bus. Pk.
EX36: S Mol 1F 35
HAGGINTON HILL 4A 8
Haldene Ter. EX32: B'aple 5C 18
Hall's Mill La. EX31: Cher 3B 18
Halsdon Ter. EX38: G Tor 3E 33
Hamilton Cl. EX39: Bide 5C 30
Ham La. EX36: S Mol 3H 35
Hammetts La. EX32: B Taw 4E 25
Hampton Pk. EX39: Bide 1C 30
Hams La. EX34: C Mar 3F 9
Hams Pl. EX34: C Mar 4F 9
Handy Cross EX39: Bide 5C 30
Hanging La. EX35: Bar 6A 34
Hangman Path EX34: C Mar 3E 9
Hannaburrow La.
EX33: Forda, Saunt 5F 11
HANNAFORD 5E 27
Hannaford La. EX32: Swim 5E 27
Hanson Pk. EX39: Nort 1D 30
Hardaway Head EX32: B'aple 6D 18
Hares Grn. EX36: S Mol 3F 35
HARFORD 1D 26
Harford Rd. EX32: Land 1C 26
Harlseywood EX39: Bide 3C 30
Harman Wlk. EX32: B'aple 6F 19
Hartland Vw. Rd. EX34: Wool 5G 5
Hart Mnr. EX33: Wraf 2F 15
Hartnoll's La. EX34: Wool 6G 5
Hart St. EX39: Bide 3E 31
Harvest La. EX39: Bide 2B 30
Hatchmoor Comn. La.
EX38: G Tor 2H 33
Hatchmoor Est. EX38: G Tor 3G 33
Hatchmoor Ind. Est.
EX38: G Tor 2H 33
Hatchmoor Rd. EX38: G Tor 3G 33
Hawcombe La. EX33: Win 1G 13
Hawkridge Rd. EX31: C'nor 3H 15
Hawley Cl. EX32: B'aple 6E 19
Hawley Mnr. EX32: B'aple 6E 19
Hawthorn Av. EX34: Ilfra 3G 7
Hawthorn Pk. EX39: Bide 4C 30
Hawthorn Rd. EX32: B'aple 1H 25
Haydn Cl. EX32: B'aple 6F 19
Hayne Pk. EX32: B'aple 1E 25
Hazel Av. EX33: Brau 4F 13
Hazel Gro. EX31: Rou 3H 23
Headlands Vw. Av. EX34: Wool 5F 5
Heal Pk. Cres. EX31: Frem 2A 22
Heanton Hill La. EX31: C'nor 2H 15
Heanton Lea EX31: C'nor 2H 15
HEANTON PUNCHARDON 1H 15
Heanton St. EX33: Brau 6E 13
Heathfield Rd. EX39: Bide 4G 31
Heaton Hill EX31: H Pun 1G 15
EX33: Wraf 1G 15
Hele Bus. Pk. EX34: Ilfra 3G 7
Hele Cl. EX31: Rou 2F 23
Hele Corn Mill 3H 7
Hele La. EX31: Rou 2F 23
Hele Mill EX34: Ilfra 2H 7
Hele Ri. EX31: Rou 2F 23
Hele Valley Holiday Pk.
EX34: Ilfra 3G 7
Heppenstall Rd. EX32: B'aple 5D 18
Hermitage, The *EX34: Ilfra 3D 6*
(off Hermitage Rd.)
Hermitage Rd. EX34: Ilfra 2D 6
Heron Ct. EX32: B'aple 1H 25
Heyswood Av. EX32: B'aple 3F 25
Heywood Rd. EX39: Bide, Nort 5E 29
Hierns La. EX34: Ilfra 2E 7
Highbury Hill EX39: Nort 3F 29
Highbury Rd. EX32: B'aple 2F 25
High Cross *EX32: Swim 5H 27*
(off High St.)
Higher Church St. EX32: B'aple 1D 24
Higher Clevelands *EX39: Nort 5E 29*
(off Churchill Way)
Higher Cross Rd. EX31: Bick 1G 23
Higher Dean La. EX34: C Mar 5H 9
Higher Elmwood EX31: Rou 2H 23
Higher Gunstone EX39: Bide 3E 31
Higher Maudlin St.
EX32: B'aple 5D 18
Higher New Cl. La.
EX31: Ashf 2G 17
Higher Pk. Rd. EX33: Brau 5F 13
Higher Raleigh Rd.
EX31: B'aple 4C 18
Higher Rews Cl. EX34: C Mar 3E 9
Higher Rd. EX31: Frem 2B 22
HIGHER SLADE 5B 6
Higher Slade Rd. EX34: Ilfra 5B 6
Higher Thorn Cl. EX33: Brau 6E 13
HIGHER WARCOMBE 1F 5
Higher Westlake Rd.
EX31: Rou 3F 23
HIGHER WINSFORD 4A 30
Highfield EX39: Nort 5D 28
Highfield Cl. EX32: B'aple 1E 25
Highfield Gdns. EX34: C Mar 4F 9
Highfield Rd. EX34: Ilfra 3D 6
Highfield Ter. EX32: B Taw 5D 24
EX34: Ilfra 3E 7
High Pk. Cl. EX39: Bide 5B 30
High St. EX31: B'aple 6C 18
(not continuous)
EX32: Swim 4H 27
EX34: C Mar 4F 9
EX34: Ilfra 3D 6
EX38: G Tor 3F 33
EX39: Bide 3E 31
High Vw. EX39: Bide 4C 30
High Vw. Ter. EX39: W Ho 5B 28
High Wall EX31: B'aple 1B 24
Hillcliff Ter. *EX39: App 1H 29*
(off Irsha St.)
Hillcrest Rd. EX32: B'aple 3E 25
EX39: Bide 5H 31
Hillcroft Ter. EX39: Bide 3E 31
Hill Gdn. Cl. EX39: Bide 3E 31
Hillington EX34: Ilfra 4C 6
HILLSBOROUGH 3G 7
Hillsborough Pk. Rd.
EX34: Ilfra 3G 7
Hillsborough Rd. EX34: Ilfra 2E 7
Hillsborough Ter. EX34: Ilfra 2E 7
Hillside EX32: Land 2A 26
Hillside Rd. EX34: Ilfra 3G 7
Hillside Ter. *EX39: Bide 3E 31*
(off Pitt La.)
Hillside Vw. EX34: C Mar 4F 9
Hills Vw. EX32: B'aple 6D 18
EX33: Brau 5E 13
Hill Top EX31: Frem 1B 22
Hilltop Rd. EX39: Bide 1C 30
Hilton Pk. Homes EX33: Brau 6E 13
Hobb's Hill EX33: Croy 4C 10
Hodges La. EX34: C Mar 6E 9
Hodges Wlk. EX38: G Tor 3G 33
Holdstone Way EX34: C Mar 6H 9
Hole Cleave Rd.
EX33: Forda, Lob 3F 11
Hole La. EX33: Forda 4F 11
Hollamoor Vw. EX31: Bick 2G 23
Holland Cl. EX31: Bick 1F 23
Hollands Pk. Av. EX34: C Mar 4G 9
Holland St. EX31: B'aple 6C 18
Holland Wlk. *EX31: B'aple 6C 18*
(off Holland St.)
Hollerday Dr. EX35: Lynt 1B 34
Hollies, The EX31: Rou 2G 23
Hollowtree Ct. EX32: B'aple 2E 25
Hollowtree Rd. EX32: B'aple 2E 25
Holwill Dr. EX38: G Tor 3F 33
Home Farm Cl. EX33: Croy 3D 10
Home Farm Rd.
EX31: Frem 2A 22
Homer Ct. EX33: Brau 4C 12
Homer Cres. EX33: Brau 4C 12
Homer Dr. EX33: Brau 4C 12
Homer Rd. EX33: Brau 4C 12
Honestone St. EX39: Bide 4E 31
Honey Cl. EX39: Bide 3H 31
Honey St. EX39: Nort 4F 29
Honeysuckle Cl. EX31: Rou 2G 23
Honeywell Cl. EX32: B'aple 3E 25
Hooda Cl. EX32: Swim 4H 27
Hoopers Way EX38: G Tor 3H 33
Hopperstyle EX31: Bick 2G 23
Hopton Dr. EX38: G Tor 3H 33
Horizon Vw. EX39: W Ho 4B 28
Hornbeam Hollow EX31: Rou 2H 23
Hornebrook Av. *EX34: Ilfra 3D 6*
(off Horne Rd.)
Horne Pk. Av. *EX34: Ilfra 3D 6*
(off Horne Pk. Rd.)
Horne Pk. Rd. EX34: Ilfra 3D 6
Horne Rd. EX34: Ilfra 3D 6
Horsepond Mdw.
EX36: S Mol 4F 35
Hostle Pk. EX34: Ilfra 2E 7
Hostle Pk. Gdns. *EX34: Ilfra 2D 6*
(off Hostle Pk. Rd.)
Hostle Pk. Rd. EX34: Ilfra 2E 7
Howard Av. EX32: B'aple 1E 25
Howards Cl. EX36: S Mol 5F 35
Hubbastone Rd. EX39: App 2H 29
Hughes Av. EX32: B'aple 2E 25
Hughes Gdns. EX39: Bide 3B 30
Hugh Squier Av. EX36: S Mol 2G 35
Hume Av. EX35: Lynt 2A 34
Hunter La. *EX34: Wool 5B 4*
(off Mill La.)
Hunterswood EX38: G Tor 3H 33

A-Z Barnstaple 39

Hunter Wlk.—Millards Hill

Hunter Wlk. *EX32: B'aple* 6F 19
(off Martin Rd.)
Hyfield Pl. EX39: Bide 4E 31

I

Ian Hay Cl. EX39: Bide 4G 31
Ibex Ct. EX39: App 1H 29
ILFRACOMBE 2D 6
Ilfracombe Aquarium 2F 7
Ilfracombe Golf Course 2H 7
ILFRACOMBE HOSPITAL 3D 6
Ilfracombe Lifeboat Station 2E 7
Ilfracombe Mus. 2D 6
Ilfracombe Rd. EX33: Brau 3E 13
Ilfracombe Swimming Pool 2F 7
Ilfracombe Yacht Club 2E 7
Ilkerton Hill EX35: Bar 6A 34
Imperial Ct. EX35: Lynt 2C 34
Incledon Hill EX33: Geo 1H 11
Inglebrook Hgts.
EX39: W Ho 4D 28
INSTOW 6B 20
Instow Signal Box 6B 20
Irsha Ct. EX39: App 1H 29
Irsha St. EX39: App 1H 29
Irving Cl. EX33: Brau 5C 12
Isley Marshes Bird Sanctuary 1E 21
Isley Marsh Nature Reserve 1E 21
Ivy Ct. EX39: App 1H 29

J

Jackets La. EX39: Nort 4E 29
Jenker's Hill EX33: Geo 3H 11
Jewell Cres. EX32: B'aple 5E 19
J H Taylor Dr. EX39: Nort 4F 29
Jingles La. EX32: B'aple 1D 24
John Fowler Holiday Pk.
EX34: Ilfra 4E 7
John Gay Cl. EX32: B'aple 1F 25
John Gay Rd. EX32: B'aple 1E 25
John Howe Cl. EX38: G Tor 3F 33
John Penrose Rd.
EX31: Rou 3G 23
John Smale Rd. EX31: B'aple 1H 23
Jones's Hill EX33: Croy 3C 10
Jordan Cl. EX32: B'aple 2F 25
Joy St. EX31: B'aple 6C 18
Jubilee Cl. EX34: Ilfra 2D 6
EX38: G Tor 2G 33
Jubilee Ct. *EX35: Lynt* 2B 34
(off Burvill St.)
Jubilee Rd. EX39: App 1G 29
Jubilee Sq. EX39: Bide 3E 31
Jungleland 2F 25
Juniper Ct. EX31: Rou 2H 23
Juries La. EX38: G Tor 2F 33
Jury Pk. EX36: S Mol 3E 35

K

Kala Fair EX39: W Ho 4D 28
Karen Cl. EX39: Bide 4H 31
Keals Cft. EX35: Lynt 2B 34
Kennel La. EX33: Geo 2H 11
Kensington Cl. EX31: B'aple 4H 23
Kenwith Rd. EX39: Bide 1D 30
Kenwith Ter. EX39: Bide 2D 30
Kenwith Valley Nature Reserve
2D 30
Kenwith Vw. EX39: Bide 3B 30
Kerscott Hill EX32: Swim 6H 27
Kestrel Way EX32: B'aple 1H 25
Kiln Cl. EX39: Ins 5B 20
Kiln Cl. La. EX39: Ins 5B 20
Kiln La. EX32: B'aple 1D 24
EX34: C Mar 6H 9
Kilnwood Pk. EX31: Rou 2F 23
Kimberley Pk. EX39: Nort 4F 29
Kimberley Ter. EX39: Nort 3F 29
Kinevor Cl. EX34: Mort 2B 4
King Alfred Cres. EX39: Nort 5F 29
Kingdon Av. EX36: S Mol 2E 35
Kingdon Ent. Pk. EX39: Bide 5A 30
Kingdons Ct. EX36: S Mol 2G 35
King Edward St. EX32: B'aple 5C 18
Kingfisher Dr. EX32: B'aple 1H 25
Kingsacre EX33: Brau 5D 12
King's Cl. EX32: B'aple 3F 25
Kingsley Av. EX32: B'aple 5C 18
EX34: Ilfra 5D 6
(not continuous)
EX39: App 2H 29
Kingsley Ct. EX39: W Ho 5B 28
Kingsley Pk. EX39: W Ho 4D 28
Kingsley Rd. EX39: Bide 1D 30
EX39: W Ho 5B 28
Kingsley St. EX39: Bide 3E 31
Kingsley Ter. *EX34: C Mar* 4F 9
(off High St.)
EX39: Bide 4E 31
Kingsmead Dr. EX38: G Tor 2G 33
Kings Rd. EX32: B'aple 5E 19
Kingston Av. EX34: C Mar 4F 9
King St. EX34: C Mar 3F 9
EX36: S Mol 3F 35
EX39: Bide 3E 31
Kingsway EX36: S Mol 4F 35
Kingswood Ho. EX34: Ilfra 3C 6
Kipling Ct. EX39: W Ho 5C 28
Kipling Ter. EX39: W Ho 5B 28
Kipling Tors 5A 28
Knap Down La. EX34: C Mar 3H 9
Kneller Cl. EX34: Ilfra 4E 7
Knights Fld. Ri. EX39: Nort 3F 29
KNOWLE 1F 13
Knowle Cl. EX32: Land 2B 26
Knowle Gdns. EX34: C Mar 5G 9
Kynock Ind. Est. EX39: Bide 5F 31

L

Laburnum Dr. EX32: B'aple 2H 25
Ladder La. EX34: C Mar 5H 9
Ladies' Mile EX32: B'aple 3D 24
Ladywell *EX31: B'aple* 4C 18
(off Under Minnow Rd.)
Ladywell Path EX35: Lynt 2A 34
Lagoon Vw. EX31: Yell 3F 21
LAKE 3B 24
Lakenham Hill EX39: Nort 4D 28
Lakeside EX34: Wool 5G 5
Lamaton Pk. EX36: S Mol 4G 35
Lamb Pk. EX34: Ilfra 4C 6
Landivisiau Wlk. EX39: Bide 3F 31
LANDKEY 2B 26
LANDKEY NEWLAND 2C 26
Landkey Rd. EX32: B'aple, Land 2E 25
Landmark Theatre 2D 6
Lane End EX39: Ins 5B 20
Lane End Cl. EX39: Ins 5B 20
Lane End Pk. EX32: B'aple 1G 25
Lane Fld. Rd. EX39: Bide 3B 30
Lane Head Cl. EX33: Croy 3C 10
Langarron Pk. EX32: B'aple 6E 19
Langleigh EX34: Ilfra 4C 6
Langleigh La. EX34: Ilfra 4B 6
Langleigh Pk. EX34: Ilfra 4B 6
Langleigh Rd. EX34: Ilfra 3C 6
Langleigh Ter. EX34: Ilfra 3C 6
Langs Fld. EX33: Croy 4B 10
Lansdowne Pk. EX39: Nort 3E 29
Lansdowne Ter. EX39: Bide 4D 30
Lansdown Ter. *EX32: B'aple* 5D 18
(off St George's Rd.)
Lark Ri. EX31: Rou 3F 23
Larkspur Gdns. EX32: B'aple 1H 25
Larkstone Cres. EX34: Ilfra 3F 7
Larkstone Gdns. EX34: Ilfra 3F 7
Larkstone La. EX34: Ilfra 2F 7
Larkstone Ter. EX34: Ilfra 2F 7
Lauderdale Dr. EX32: B'aple 1E 25
Lauder La. EX31: Rou 3H 23
Laurel Av. EX39: Bide 4B 30
Laurels, The EX31: Rou 3G 23
Lavender Way *EX32: B'aple* 1F 25
(off Willshere Rd.)
Law Memorial Ho's.
EX32: B Taw 6E 25
(off Bishop's Tawton Rd.)
Leadengate Cl. EX33: Croy 4B 10
Leadengate Flds. EX33: Croy 4B 10
Leas, The EX34: Ilfra 5C 6
Lea Ter. EX39: App 2H 29
Lee Pl. *EX34: Ilfra* 2E 7
(off Ropery Rd.)
Lee Rd. EX35: Lynt 2B 34
Leigh Rd. EX39: Bide 4C 30
Lenards Rd. EX39: Nort 5E 29
Lenwood Pk. EX39: Bide 1C 30
Lenwood Rd. EX39: Bide, Nort 1C 30
(not continuous)
Lester Point EX34: C Mar 3E 9
Lethaby Rd. EX32: B'aple 5D 18
Let's Go 5A 18
Lever Cl. EX39: Nort 3E 29
Lewis Ct. *EX34: Ilfra* 3D 6
(off Victoria Rd.)
Lewis's Pas. *EX34: Ilfra* 3D 6
(off Victoria Rd.)
Ley Mdw. Dr. EX31: Rou 2F 23
Liberty Ct. EX31: Rou 3G 23
Liberty Rd. EX31: Rou 3G 23
Libra Gdns. EX34: C Mar 3E 9
Lifeboat Station
Ilfracombe 2E 7
Lilac Way EX32: B'aple 1F 25
LILLY 6H 19
Lilybridge EX39: Nort 4F 29
Lily Cl. EX39: Nort 3F 29
Lime Gro. EX39: Bide 3D 30
EX39: Ins 6B 20
Limekiln La. EX31: Ashf 2D 16
Limers Hill EX38: G Tor 3D 32
Limer's La. EX36: S Mol 5E 35
Limers La. EX39: Nort 6F 29
Limetree Gro. EX33: Brau 5D 12
LINCOMBE 5A 6
Linden Cl. EX31: B'aple 2H 23
EX33: Brau 5E 13
EX38: G Tor 2E 33
Linden Gdns. EX31: B'aple 2H 23
Linhay Dr. EX31: Frem 1C 22
Link Ho. Cl. EX39: W Ho 4B 28
Links, The EX39: Nort 4D 28
Linscott Cres. EX31: Yell 3F 21
Lions Mill EX31: Cher 4B 18
Litchdon La. EX32: B'aple 1C 24
Litchdon St. EX32: B'aple 1C 24
Littabourne EX31: B'aple 4C 18
Little Fld. EX39: Bide 3B 30
Littlefield Cl. EX32: B'aple 1G 25
Littleham Rd. EX39: Bide 6E 31
Lit. Meadow Way EX39: Bide 3C 30
Littlemoor Cl. EX31: Yell 3F 21
Livarot Wlk. EX36: S Mol 3E 35
Liverton Dr. EX32: Swim 5G 27
LOBB 3B 12
Lobb Flds. Cvn. & Camping Pk.
EX33: Brau 4B 12
Locks Cl. EX33: Brau 6E 13
Lombard Cl. EX39: Bide 5B 30
Long Bri. EX31: B'aple 1C 24
Longfield EX39: App 2H 29
Longfield Cl. EX33: Brau 6F 13
Longfield Ter. *EX34: Ilfra* 3E 7
(off Highfield Rd.)
Longland La. EX33: Geo 2H 11
Long La. EX31: Ashf 2F 17
(not continuous)
EX33: Forda, Lob 4F 11
EX39: App, Nort 3F 29
Longmead EX35: Lynt 2A 34
Long Meadow Dr. EX32: B'aple 5E 19
Loring Flds. EX32: Land 1B 26
Louise Ter. EX38: G Tor 3E 33
Love La. EX39: Bide 4C 30
Loverings Ct. EX31: B'aple 6C 18
Lover's La. EX39: App 1G 29
Lovers' Wlk. EX32: B'aple 3D 24
Lwr. Burwood Rd. EX38: G Tor 3G 33
Lwr. Church St. *EX32: B'aple* 1D 24
(off Trinity St.)
Lwr. Clay Pk. EX34: Mort 3B 4
Lower Cleave EX39: Nort 6G 29
Lower Cleve EX33: Brau 4D 12
Lwr. Cross Rd. EX31: Bick 1F 23
Lwr. Dean La. EX34: C Mar 5H 9
Lwr. Gaydon St. *EX32: B'aple* 6D 18
(off Richmond St.)
Lower Gunstone EX39: Bide 3E 31
Lwr. Long Cl. EX34: C Mar 4D 8
Lwr. Meddon St. EX39: Bide 4E 31
Lower Moor EX32: B'aple 1G 25
Lwr. Park Rd. EX33: Brau 6F 13
Lwr. Raleigh Rd. EX31: B'aple 5D 18
LOWER SLADE 5C 6
Lwr. Westlake Rd. EX31: Rou 3F 23
Lwr. Winsham Rd. EX33: Win 1G 13
Lundy Cl. EX32: B'aple 6F 19
Lundy Flds. EX34: Wool 5G 5
Lundy Vw. EX39: Nort 4D 28
Lyddicleave EX31: Bick 2F 23
Lydiate La. EX35: Lynt 4A 34
(not continuous)
Lyn & Exmoor Mus. 2C 34
LYNBRIDGE 3C 34
Lynbridge Rd. EX35: Lynt 4B 34
Lynbro Rd. EX31: B'aple 4C 18
Lyn Hill EX35: Lynt 3C 34
Lynhurst Av. EX31: B'aple 1G 23
Lyn La. EX35: Lynt 4C 34
LYNMOUTH 2C 34
Lynmouth Hill EX35: Lynm 2C 34
Lynmouth St. EX35: Lynm 1C 34
LYNTON 2B 34
Lynton & Lynmouth Cliff Railway
1B 34
Lynton Cinema 1B 34
LYNTON RESOURCE CENTRE 2B 34
Lynton Rd. EX34: C Mar 6H 9
Lynway EX35: Lynt 2C 34
Lynwood Ho. EX32: B'aple 3E 25

M

Maclins Cl. EX36: S Mol 3F 35
Maer Top Way EX31: B'aple 4D 18
Magdala Rd. EX31: Bick 2E 23
Magdalene Lawn EX32: B'aple 6D 18
Magistrates' Court
Barnstaple 6B 18
Magnolia Cl. EX32: B'aple 1H 25
Maiden St. EX31: B'aple 6C 18
Maine Cl. EX39: Bide 3B 30
Malletts La. EX32: B'aple 6D 18
Malvern Way EX39: Bide 3B 30
Manleigh Holiday Pk.
EX34: C Mar 6G 9
Mannings Way EX31: B'aple 4C 18
Manor Cl. EX31: B'aple 2H 23
EX31: Frem 1B 22
EX33: Wraf 1F 15
Manor Ct. EX32: Land 2B 26
Mnr. Mill Rd. EX33: Know 1F 13
Manor Pk. EX31: B'aple 2H 23
Manor Rd. EX32: Land 2B 26
Manteo Way EX39: Bide 3G 31
Maple Gro. EX31: Rou 2H 23
Maple St. EX32: B'aple 1F 25
Margrove Ter. *EX32: B'aple* 5C 18
(off Yeo Vale Rd.)
Marine Ct. EX39: Ins 6B 20
Marine Dr. EX34: Wool 6B 4
Marine Gdns. *EX39: Bide* 4E 31
(off New Rd.)
Marine Pde. EX39: App 2H 29
EX39: Ins 6B 20
Marine Pl. *EX34: Ilfra* 2D 6
(off Wilder Rd.)
Mariners Cl. EX33: Brau 6E 13
Mariner's Way EX39: App 1H 29
Marist Way EX32: B'aple 3F 25
Market Pl. EX39: Bide 3E 31
Market Sq. EX34: Ilfra 2D 6
Market St. EX31: B'aple 6C 18
EX34: Ilfra 2D 6
EX35: Lynt 2C 34
EX36: S Mol 3F 35
EX39: App 2H 29
Marland Ter. EX39: Bide 4D 30
Marlborough Cl. EX34: Ilfra 3D 6
Marlborough Ct. EX39: Bide 2E 31
Marlborough Pk. EX34: Ilfra 3D 6
Marlborough Rd. EX34: Ilfra 3D 6
Marlborough Way EX34: Ilfra 4E 7
Marlen Ct. EX39: Bide 5E 31
Marlow Ct. EX39: W Ho 4C 28
Mars Hill Way EX35: Lynm 1C 34
Marsh La. EX36: S Mol 1H 35
EX39: Ins 6B 20
Martin Rd. EX32: B'aple 6E 19
Martins Ct. EX38: G Tor 3H 33
Marwood Ct. EX38: G Tor 3J 33
Masefield Av. EX31: B'aple 4C 18
May Hilder Way *EX39: W Ho* 5B 28
(off Atlantic Way)
Mazzard Cl. EX32: Land 2B 26
Meadow Brook EX31: Rou 2G 23
Meadow Cl. EX32: Land 3D 26
EX34: Ilfra 4D 6
Meadow La. EX33: Croy, Puts 1D 10
EX39: Ins 6C 20
Meadow Pk. EX31: Rou 3G 23
EX36: S Mol 4F 35
EX39: Bide 5B 30
Meadow Rd. EX31: B'aple 4A 18
EX32: B'aple 1D 24
Meadowside EX31: Ashf 2F 17
Meadowsweet La. EX31: Rou 2G 23
Meadowville Rd. EX39: Bide 2E 31
Mead Pk. EX31: Bick 1E 23
Mead Pk. Cl. EX31: Bick 1E 23
Mear Top EX31: B'aple 4C 18
Medard Ho. EX32: B'aple 6D 18
Meddon St. EX39: Bide 4D 30
Meeting St. EX39: App 1H 29
Meridian Pl. EX34: Ilfra 2D 6
Merley Rd. EX39: W Ho 4A 28
Mermaid Wlk. *EX31: B'aple* 6C 18
(off Boutport St.)
Merryfield Rd. EX39: Bide 4G 31
Merrylees Dr. EX32: B'aple 3F 25
Merrythorn Rd. EX31: Frem 2H 21
Meteor Wlk. *EX32: B'aple* 6E 19
(off Oliver Rd.)
Metherell Rd. EX39: Bide 4D 30
Metticombe La. EX35: Bar 6C 34
Middleborough La. EX33: Croy 1A 10
Middle Combe Dr. EX31: Rou 3F 23
Middle Cross EX31: Bick 1G 23
Middle Gunstone *EX39: Bide* 3E 31
(off Lower Gunstone)
Middlehill La. EX33: Croy 1A 10
Middle La. EX33: Win 1H 13
Middleton Rd. EX39: Bide 3D 30
Midland Holiday Pk.
EX31: Ashf 3F 17
Mignonette Wlk. *EX39: Bide* 2E 31
(off Northam Rd.)
Milkaway La. EX33: Croy 3D 10
Millards Hill EX39: Ins 5B 20

40 A-Z Barnstaple

Mill Ct.—Pilton Lawn

Mill Ct. EX32: Swim 4H **27**
Millennium Way
EX39: W Ho 4D **28**
Miller Cres. EX32: B'aple 6D **18**
Millers Brook EX33: Croy 3D **10**
Mill Head EX34: Ilfra 2E **7**
Mill Hill EX31: Frem 2B **22**
Mill La. EX31: B'aple 5B **18**
EX33: Croy 3D **10**
EX33: Wraf 1G **15**
EX34: Ber 4A **8**
EX34: Wool 5B **4**
Mill-Leat Gdns. EX32: Land 2B **26**
Mill Mdw. EX34: C Mar 4F **9**
Mill on the Mole Res. Pk.
EX36: S Mol 3H **35**
Mill Pk. Touring Cvn. & Camping Site
EX34: Ber 3A **8**
Mill Rd. EX31: B'aple 6B **18**
EX31: Frem 2B **22**
EX32: Land 3C **26**
Mill Stile EX33: Brau 6D **12**
Mill St. EX36: S Mol 3F **35**
EX38: G Tor 4D **32**
EX39: Bide 3E **31**
Mill St. Comn. EX38: G Tor 3D **32**
Mills Way EX31: B'aple 5C **18**
Milton Pl. EX39: Bide 4D **30**
Milton Ter. EX34: C Mar 4F **9**
Mines Rd. EX39: Bide 4G **31**
(not continuous)
MINOR INJURIES UNIT
BIDEFORD HOSPITAL 3D **30**
ILFRACOMBE HOSPITAL 3D **6**
LYNTON RESOURCE CENTRE
. . . . 2B **34**
NORTH DEVON
DISTRICT HOSPITAL 4E **19**
SOUTH MOLTON HOSPITAL
. . . . 3F **35**
TORRINGTON HOSPITAL 3F **33**
Mint Pk. Rd. EX33: Brau 4C **12**
Mitchum's Beach Campsite
EX33: Croy 2A **10**
Mitchum's Village Campsite
EX33: Croy 3C **10**
Model Ter. EX39: Bide 4E **31**
Mole Bri. La. EX36: S Mol 3H **35**
Mole Ridge Way
EX36: S Mol 2F **35**
Mondeville Way EX39: Nort 5E **29**
Monks Cl. EX39: Bide 5H **31**
Montague Pl. EX39: Bide 4D **30**
Montpelier La. EX34: Ilfra 2E **7**
Montpelier M. *EX34: Ilfra 2E 7*
(off Montpelier Rd.)
Montpelier Rd. EX34: Ilfra 2E **7**
Montpelier Ter. *EX34: Ilfra 2E 7*
(off Montpelier Rd.)
Moorings, The EX33: Brau 5E **13**
Moorland Ri. EX36: S Mol 3F **35**
Moorland Ter. EX38: G Tor 3D **32**
Moor La. EX33: Brau 6A **12**
EX33: Croy 2A **10**
Moor Lea EX33: Brau 6F **13**
Moor Pk. Cl. EX33: Croy 2B **10**
Moory Mdw. EX34: C Mar 3E **9**
Moreton Av. EX39: Bide 4C **30**
Moreton Ct. EX39: Bide 4B **30**
Moreton Dr. EX39: Bide 3C **30**
Moreton Pk. Rd. EX39: Bide 5B **30**
MORTEHOE 2B **4**
Mortehoe Mus. 2B **4**
Mortehoe Sta. Rd.
EX34: Mort, Wool 2B **4**
Morton Dr. EX38: G Tor 3F **33**
Morwenna Pk. Rd. EX39: Nort 4E **29**
Morwenna Ter. *EX39: Nort 4E 29*
(off Diddywell Rd.)
Mount, The EX39: App 1H **29**
Mt. Pleasant EX32: B Taw 5E **25**
EX39: Bide 2G **31**
Mt. Raleigh Av. EX39: Bide 1C **30**
Mt. Raleigh Dr. EX39: Bide 2C **30**
Mount Vw. EX34: Ilfra 3E **7**
Mountview Home Pk.
EX32: B'aple 4H **25**
Mowstead Pk. EX33: Brau 4C **12**
Mowstead Rd. EX33: Brau 4C **12**
MUDDLEBRIDGE 2D **22**
Mulberry Way EX31: Rou 3G **23**
MULLACOTT 6C **6**
Mullacott Farm EX34: Ilfra 6C **6**
Museum of Barnstaple &
North Devon, The 1C **24**
Museum of British Surfing 5E **13**
Mutton La. EX38: Lit T 5E **33**
Muxey La. EX38: G Tor 4E **33**
Myra Ct. EX39: App 1H **29**
Myrtle Cott. Rd. EX39: App 3G **29**
Myrtle Farm Vw. EX33: Croy 3C **10**
Myrtle Gdns. EX39: Bide 3E **31**
Myrtle Gro. EX39: Bide 3E **31**
Myrtle St. EX39: App 2H **29**

N

Nadder La. EX36: S Mol 3E **35**
Nadder Mdw. EX36: S Mol 3E **35**
Napps Touring Holidays
EX34: Ber 2B **8**
Nassau Ct. EX39: W Ho 4A **28**
Needs Dr. EX39: Bide 4C **30**
Nelson Dr. EX39: W Ho 4B **28**
Nelson M. EX39: W Ho 4B **28**
Nelson Rd. EX39: W Ho 4B **28**
Nelson Ter. EX39: W Ho 4B **28**
Netherhams Hill EX33: Geo 2G **11**
Netherton La. EX34: C Mar 3G **9**
New Barnstaple Rd. EX34: Ilfra 3F **7**
Newberry Cl. EX34: Ber 3C **8**
Newberry Cotts. EX33: Geo 2H **11**
Newberry Hill EX34: Ber 3D **8**
Newberry La. EX34: C Mar 3D **8**
Newberry Rd. EX33: Geo 2H **11**
EX34: C Mar 3D **8**
Newberry Valley Touring & Camping Pk.
EX34: Ber 4D **8**
Newbridge Cl. EX39: Bide 1E **31**
New Bldgs. EX31: Frem 2B **22**
EX32: B'aple 6D **18**
New Causeway *EX39: Nort 4E 29*
(off Diddywell Rd.)
Newland Cotts. EX32: Land 3D **26**
Newland Pk. Rd. EX32: Land 3C **26**
Newlands Cl. EX32: Land 2D **26**
New La. EX33: Brau 2F **13**
EX33: Croy 2B **10**
NEWPORT 2E **25**
Newport Rd. EX32: B'aple 1D **24**
Newport Ter. EX32: B'aple 1D **24**
EX39: Bide 4F **31**
New Quay St. EX39: App 2H **29**
New Rd. EX32: B Taw 6E **25**
EX32: B'aple 1D **24**
EX36: S Mol 3G **35**
EX38: G Tor 3F **33**
EX39: Bide 5E **31**
EX39: Ins 6B **20**
New Row EX39: Bide 3E **31**
New St. EX38: G Tor 3D **32**
(not continuous)
EX39: App 2H **29**
EX39: Bide 3E **31**
New St. Flats *EX39: Bide 3E 31*
(off New St.)
Newton Rd. EX39: Bide 2E **31**
Nilgala Cl. EX39: Bide 1C **30**
Norah Bellot Ct. *EX32: B'aple 6C 18*
(off Vicarage St.)
Norfolk Ter. EX32: B'aple 1D **24**
Norley Rd. EX33: Know 1F **13**
Normandy Ho. EX32: B'aple 1D **24**
Normandy Way EX36: S Mol 3E **35**
Normans Cleave EX35: Lynt 2B **34**
Normans Way *EX34: Ilfra 3E 7*
(off Worth Rd.)
Norman Ter. EX39: Nort 4F **29**
NORTHAM 4E **29**
Northam Burrows Country Pk. 1D **28**
Northam Rd. EX39: Bide 2D **30**
North Av. EX39: Bide 4H **31**
Northcliffe *EX32: B Taw 6E 25*
(off New Rd.)
Northcott Gdns. EX39: Nort 4F **29**
Northdene EX39: Bide 1C **30**
North Devon Athletics Track 6F **13**
Nth. Devon Crematorium
EX31: B'aple 3A **24**
NORTH DEVON DISTRICT HOSPITAL
. . . . 4E **19**
NORTH DEVON HOSPICE 4E **25**
North Devon Karting Cen. 4H **17**
North Devon Leisure Cen. 1C **24**
North Devon Maritime Mus. 2H **29**
North Devon Yacht Club 6B **20**
Northdown Dr. EX39: Bide 2D **30**
Nth. Down Rd. EX33: Brau 5F **13**
Northdown Rd. EX39: Bide 3C **30**
North East St. EX39: Nort 4F **29**
Northfield La. EX31: B'aple 4C **18**
Northfield Pk. EX31: B'aple 4C **18**
Northfield Rd. EX34: Ilfra 2D **6**
EX39: Bide 4G **31**
Northfield Ter. EX34: Ilfra 2D **6**
North Grn. EX32: B'aple 1E **25**
North La. EX31: Ashf 1D **16**
EX31: Bick 1F **23**
NORTH LOBB 2B **12**
NORTH MORTE 2C **4**
Nth. Morte Farm Cvn. & Camping Pk.
EX34: Mort 1C **4**
Nth. Morte Rd. EX34: Mort 2B **4**
North Rd. EX31: B'aple 3D **18**
EX36: S Mol 2F **35**
EX39: Bide 3E **31**
North St. EX33: Brau 5E **13**
EX36: S Mol 3F **35**
EX39: Nort 4E **29**
North Ter. EX31: Bick 1F **23**
North Vw. Av. EX39: Bide 2D **30**
North Vw. Hill EX39: Bide 2D **30**
North Wlk. EX31: B'aple 6C **18**
EX32: B'aple 6C **18**
EX35: Lynt 1A **34**
North Wlk. Hill EX35: Lynt 1C **34**
Nunnery Wlk. *EX39: Bide 4E 31*
(off Lwr. Meddon St.)
Nursery End EX31: B'aple 4C **18**
Nutaberry Hill EX39: Bide 4F **31**
Nutaberry Works EX39: Bide 4F **31**
Nutaberry Yd. EX39: Bide 4F **31**

O

Oakdale Av. EX32: Swim 4H **27**
Oakfield Ter. *EX39: Nort 4F 29*
(off Diddywell Rd.)
Oakhays EX36: S Mol 4G **35**
Oakhill Ri. EX31: Rou 2H **23**
Oakland Av. EX31: B'aple 2H **23**
Oakland Pk. EX31: B'aple 2A **24**
Oakland Pk. Sth. EX31: B'aple 1G **23**
Oakland Pl. *EX36: S Mol 3F 35*
(off South St.)
Oaklands EX39: Bide 5B **30**
Oaklands Gdns. EX31: B'aple 1A **24**
Oaklea Cres. EX31: Frem 2A **22**
Oakleigh Rd. EX32: B'aple 1D **24**
Oak Mdw. EX36: S Mol 3E **35**
Oak Tree Dr. EX32: B'aple 1H **25**
Oak Tree Gdns. EX34: Ilfra 3D **6**
Oakwell Cl. EX38: G Tor 3G **33**
Oakwood Cl. EX31: Rou 3H **23**
Oakwood Ct. EX36: S Mol 3G **35**
Oatlands Av. EX32: B Taw 4D **24**
Ocean Pk. EX39: W Ho 4A **28**
Oceanpoint EX33: Saunt 6D **10**
Ochil Cl. EX39: Bide 5H **31**
Odun Pl. EX39: App 2H **29**
Odun Rd. EX39: App 2H **29**
Odun Ter. EX39: App 2H **29**
Old Barnstaple Rd. EX31: Ashf 6H **13**
EX34: Ilfra, T Pot 4E **7**
EX39: Bide, West 3F **31**
Old Berrynarbor Rd. EX34: Ilfra 3G **7**
Old Bideford Cl. EX31: Rou 3G **23**
Old Bideford Rd.
EX31: B'aple, Rou 3G **23**
(not continuous)
Old Coast Rd. EX34: Ber 3C **8**
Old Ct. EX31: B'aple 1H **23**
Old Lake La. EX35: Bar 5A **34**
Old Quay La. EX39: Ins 6B **20**
Old Rectory Cl. EX39: Ins 4D **20**
Old School La. EX31: Frem 2B **22**
Old School Rd. EX32: B'aple 3F **25**
Old Station Rd. EX32: B'aple 1E **25**
Old Sticklepath Hill
EX31: B'aple 2A **24**
Old Stone Cl. EX39: W Ho 5A **28**
Old Torrington Rd.
EX31: B'aple 4H **23**
Old Town EX39: Bide 4D **30**
Oliver Rd. EX32: B'aple 5E **19**
One End St. EX39: App 2H **29**
Ora Cl. EX33: Croy 3C **10**
Ora La. EX33: Croy 3C **10**
Ora Stone Pk. EX33: Croy 4B **10**
Orchard, The EX31: Bick 2F **23**
EX34: Wool 5G **5**
Orchard Cl. EX31: B'aple 2H **23**
EX33: Brau 5D **12**
EX34: C Mar 4F **9**
Orchard Gdns. EX39: Bide 1E **31**
Orchard Gro. EX33: Croy 3C **10**
ORCHARD HILL 2E **31**
Orchard Hill EX39: Bide 1D **30**
Orchardon La. EX33: Brau 1B **12**
Orchard Pl. EX32: B'aple 1G **25**
Orchard Ri. EX39: Bide 1E **31**
Orchard Rd. EX32: B'aple 1E **25**
EX33: Know 2F **13**
EX33: Wraf 2F **15**
EX34: Ilfra 3E 7
(off Cambridge Gro.)
Orchards, The EX32: Land 2C **26**
EX32: Swim 5H **27**
Orchard Ter. EX32: B'aple 3E **25**
EX35: Lynt 2B 34
(off Lydiate La.)
Orleigh Mill Ct. EX31: B'aple 5C **18**
Osborne Cl. EX39: Bide 3B **30**
Osborne Gdns. EX32: B Taw 6D **24**
Osborne La. EX39: Bide 3B **30**
Osborne Rd. EX34: Ilfra 3C **6**
Osbourne Ter. EX31: B'aple 1C **24**
OSSABOROUGH 5G **5**
Ossaborough La. EX34: Wool 6G **5**
Oswald Browning Way
EX31: B'aple 4D **18**
Otter Way EX32: B'aple 1G **25**
Oxford Gro. EX34: Ilfra 2D **6**
Oxford Pk. EX34: Ilfra 3D **6**
Oxmans La. EX39: Nort 4F **29**

P

Padshall Pk. EX39: Nort 1D **30**
Paiges La. EX31: B'aple 6C **18**
Pail Pk. EX33: Know 2F **13**
Palmers Cl. EX33: Brau 6E **13**
Palmers Ct. EX38: G Tor 3G **33**
Pannier Mkt. EX31: B'aple 6C **18**
EX38: G Tor 3F **33**
Pannier M. *EX39: Bide 4E 31*
(off Silver St.)
Parade Ter. *EX34: Ilfra 2E 7*
(off Capstone Rd.)
Paradise Lawn EX36: S Mol 3G **35**
Paragon *EX34: Ilfra 2D 6*
(off Granville Rd.)
Paramore Way EX36: S Mol 3F **35**
Park & Ride
Barnstaple 3D **24**
Park Av. EX31: B'aple 1H **23**
EX39: Bide 2E **31**
EX39: W Ho 4B **28**
Park Cl. EX31: Frem 2B **22**
Park Ct. EX34: Ilfra 4D **6**
Park Cres. EX34: C Mar 5G **9**
Parkers Hollow EX31: Rou 2G **23**
Parkes Rd. EX38: G Tor 3G **33**
Park Gdns. EX35: Lynt 2B **34**
Park Hill Rd. EX34: Ilfra 3D **6**
Park Hills Ind. Units
EX34: C Mar 5F **9**
Parklands EX31: Rou 2H **23**
EX36: S Mol 4E **35**
Parklands Cl. EX36: S Mol 4E **35**
Park La. EX32: B'aple 2D **24**
EX34: C Mar 4F **9**
EX39: Bide 2E **31**
Park St. EX35: Lynt 2B **34**
Park Ter. EX32: B'aple 1D **24**
Park Vw. *EX32: B'aple 5C 18*
(off Pilton C'way.)
Park Vw. Cvn. Site
EX32: B'aple 5D **18**
Park Vw. Cl. EX34: C Mar 5G **9**
Park Vw. Rd. EX32: B'aple 5D **18**
Park Vw. Ter. EX39: W Ho 4B **28**
Park Vw. Way EX32: B'aple 5D **18**
Parkway EX34: Ilfra 5D **6**
Parliament Ct. *EX34: Ilfra 2E 7*
(off Hierns La.)
Parsonage La. EX36: S Mol 2F **35**
Paternoster Row *EX31: B'aple 6C 18*
(off High St.)
Path, The EX39: App 1H **29**
Pathdown La. EX33: Croy 4D **10**
(not continuous)
Pathfield EX38: G Tor 3H **33**
Pathfield Cl. EX31: Rou 2F **23**
Pathfield Lawn EX31: B'aple 5B **18**
Pathfields EX33: Croy 2C **10**
Pathfields Bus. Pk.
EX36: S Mol 1G **35**
Pathfields Ind. Est.
EX36: S Mol 1G **35**
Peards Down Cl. EX32: B'aple 1G **25**
Pear Tree Way EX32: Land 2C **26**
Pebble Cl. EX39: W Ho 4C **28**
Pebbleridge Rd. EX39: W Ho 4C **28**
Pelican Cl. EX39: W Ho 5A **28**
PENHILL 6C **16**
Penny Hill EX33: Croy 2C **10**
Penpont Ct. EX39: Bide 3D **30**
Penrose Sq. *EX32: B'aple 1D 24*
(off Litchdon St.)
Pentice La. EX34: C Mar 3G **9**
Periwinkle Dr. EX31: Rou 2G **23**
Philip Av. EX31: B'aple 3A **24**
Phillips La. EX33: Brau 6E **13**
Piggy La. EX39: Nort 4E **29**
(not continuous)
Pilland Way EX31: B'aple 5A **18**
Pillavins La. EX36: S Mol 2H **35**
Pill Gdns. EX33: Brau 1E **15**
Pill La. EX32: B'aple, B Taw 4D **24**
Pill Lawn EX32: B'aple 3D **24**
Pill Rd. EX39: Bide 3E **31**
PILTON 4B **18**
Pilton C'way. EX32: B'aple 5C **18**
Pilton Lawn EX31: B'aple 5C **18**

A-Z Barnstaple 41

Pilton Quay—Silford Cross

Pilton Quay EX31: B'aple 5C **18**
Pilton St. EX31: B'aple 4C **18**
Pind La. EX33: Win 1H **13**
Pine Cl. EX34: Ilfra 4G **7**
Pine Cones EX34: Wool 6G **5**
Pit Hill EX34: Ber 3A **8**
Pitt Av. EX39: App 2H **29**
Pitt Ct. EX39: App 2H **29**
Pitt Hill EX39: App 3G **29**
Pitt La. EX39: Bide 3E **31**
Pixie Dell EX33: Brau 4C **12**
Pixie La. EX33: Brau 4C **12**
Play Hut, The *2D* ***6***
(off Bath Pl.)
Plough Arts Cen., The *3F* ***33***
(off Fore St.)
Poachers Paddock EX34: Wool 6G **5**
Poles Hill EX31: Cher 4B **18**
Poleshill La. EX31: Cher 3A **18**
Policeman's Hill *EX32: B Taw 6E* ***25***
(off Village St.)
Pollards, The EX32: B'aple 2F **25**
Pollards Pl. EX39: Bide 3G **31**
Poltimore Cl. EX36: S Mol 3G **35**
Poltimore Lawn EX32: B'aple 5E **19**
Poltimore Rd. EX36: S Mol 3G **35**
Polywell EX39: App 1G **29**
Poole La. EX34: Wool 4E **5**
Portland Bldgs. EX32: B'aple 5D **18**
Portland Ct. *EX32: B'aple 1D* ***24***
(off Victoria Rd.)
Portland Head La. EX34: C Mar 4H **9**
Portland Pk. EX34: Ilfra 2E **7**
Portland St. EX32: B'aple 2E **25**
EX34: Ilfra 2E **7**
Portmarsh La. EX32: B'aple 1D **24**
Port Mill Ct. EX31: B'aple 5C **18**
Portmore Golf Course 3H **25**
Potacre St. *EX38: G Tor 3F* ***33***
(off Calf St.)
Potterswell EX31: Rou 2F **23**
Pottery La. EX31: Yell 2F **21**
Pottington Bus. Pk.
EX31: B'aple 5H **17**
Pottington Dr. EX31: B'aple 5B **18**
Pottington Ind. Est.
EX31: B'aple 5A **18**
Pottington Rd. EX31: B'aple 5B **18**
Poundfield Cl. EX31: Frem 2C **22**
Pound La. EX34: C Mar 5G **9**
Power of Water Exhibition 2C **34**
Poyers EX33: Wraf 1F **15**
Pretoria Ter. EX34: Ilfra 5C **6**
Prideaux Mdw.
EX38: G Tor 3H **33**
Primrose Av. EX32: B'aple 1H **25**
Primrose La. EX39: Nort 3G **29**
Princess Av. EX34: Ilfra 3D **6**
Princess St. EX32: B'aple 5D **18**
Priory Cl. EX31: B'aple 4C **18**
Priory Gdns. EX31: B'aple 4C **18**
Priory Rd. EX31: B'aple 4C **18**
Promenade EX39: W Ho 4A **28**
Promenade, The EX34: Ilfra 2D **6**
Prospect Pl. EX32: B'aple 2E **25**
Providence Row EX39: Bide 3E **31**
Pulchrass St. EX32: B'aple 1D **24**
PUSEHILL 6A **28**
Pusehill Rd. EX39: W Ho 5A **28**
PUTSBOROUGH 1D **10**
Putsborough Cl. EX33: Geo 2G **11**
Putsborough Rd.
EX33: Geo, Puts 1D **10**
Putsborough Sands
EX33: Puts 1D **10**
Pynes La. EX39: Bide 4C **30**
Pynes Wlk. EX39: Bide 4C **30**

Q

Quantocks EX33: Brau 5C **12**
Quarry Cl. EX39: Bide 3C **30**
Quay, The EX34: Ilfra 2E **7**
EX39: App 5A **20**
EX39: Bide 3E **31**
Quayfield Path EX34: Ilfra 2E **7**
Quayfield Rd. EX34: Ilfra 2E **7**
Quay La. EX39: Ins 6B **20**
Queen Annes EX39: Bide 3E **31**
Queen Anne's Ct. *EX31: B'aple 6C* ***18***
(off Commercial Rd.)
Queen Anne's Wlk.
EX31: B'aple 6C ***18***
(off The Strand)
Queen Elizabeth Ct.
EX39: W Ho 5B **28**
Queen's Av. EX34: Ilfra 3E **7**
Queen's Ho. *EX32: B'aple 6D* ***18***
(off Queen St.)
Queens Ter. EX38: G Tor 3D **32**
Queen's Theatre 6C **18**
Queen St. EX32: B'aple 6C **18**
EX35: Lynt 2C **34**
EX36: S Mol 3F **35**
EX39: Bide 3E **31**
Queens Wlk. EX32: B'aple 6D **18**
Quicks Wlk. EX38: G Tor 3H **33**
Quince Honey Farm 2F **35**

R

Rackfield EX31: B'aple 5C **18**
Rackfield Ct. *EX31: B'aple 5C* ***18***
(off Rackfield)
Rack Pk. EX38: G Tor 3D **32**
Rack Pk. Cl. EX38: G Tor 3E **33**
Railway Ter. EX39: Bide 4F **31**
Rakeham Hill EX38: G Tor 2B **32**
Raleigh Cl. EX36: S Mol 3F **35**
Raleigh Cotts. EX31: B'aple 4D **18**
Raleigh Hgts. EX31: B'aple 4C **18**
Raleigh Hill EX39: Bide, Nort 6C **28**
(not continuous)
Raleigh Lawn EX31: B'aple 4C **18**
Raleigh Mead EX36: S Mol 3F **35**
Raleigh Mdw. EX31: B'aple 5D **18**
Raleigh Pk. EX31: B'aple 3D **18**
EX36: S Mol 3E **35**
Raleigh Rd. EX31: B'aple 5C **18**
Raleigh Vw. *EX39: Bide 2E* ***31***
(off Kingsley Rd.)
Ralph Cl. EX33: Brau 5C **12**
Ralph Rd. EX33: Brau 5C **12**
Ramson La. EX33: Croy 1A **10**
Ravelin Gdns. EX32: B'aple 6E **19**
Ravelin Mnr. Rd. EX32: B'aple 6E **19**
Rawnsley La. EX34: Wool 5B **4**
Rectory Cl. EX33: Wraf 1G **15**
(not continuous)
Rectory Hill EX34: Ber 4A **8**
Rectory La. EX34: C Mar 5F **9**
EX39: Ins 4C **20**
Rectory Pk. EX39: Bide 3D **30**
Rectory Rd. EX34: C Mar 5F **9**
Redlands Rd. EX31: Frem 2C **22**
Reform St. EX31: B'aple 5C **18**
Regency Ct. *EX34: Ilfra 3D* ***6***
(off Church St.)
Regent Cl. EX31: B'aple 3H **23**
EX31: Frem 2C **22**
Regent Pl. EX34: Ilfra 2D **6**
Restarick Cl. EX39: Bide 5G **31**
Retreat Pl. *EX39: App 1H* ***29***
(off Vernon's La.)
Rew's Cl. EX34: C Mar 3E **9**
Rhododendron Av. EX31: B'aple . . .2A **24**
RHS Garden Rosemoor 6F **33**
Richard Cl. EX39: Bide 5C **30**
Richmond Av. EX34: Ilfra 3C **6**
Richmond Grn. EX39: App 2G **29**
Richmond Pk. EX39: Nort 4E **29**
Richmond Rd. EX34: Ilfra 4C **6**
EX39: App 2H **29**
Richmond St. EX32: B'aple 6D **18**
Richmond Ter. *EX32: B'aple 6D* ***18***
(off Bear St.)
EX39: App 2H **29**
Richmond Vs. *EX34: Ilfra 3C* ***6***
(off Station Rd.)
Richmond Wlk. EX32: B'aple 5D **18**
Riddell Av. EX32: B'aple 5C **18**
Ridge Hill EX34: Ber 4B **8**
EX34: C Mar 6E **9**
Ridgeway Av. EX39: W Ho 4D **28**
Ridgeway Cl. EX39: W Ho 4C **28**
Ridgeway Ct. EX39: W Ho 4C **28**
Ridgeway Dr. EX39: W Ho 4C **28**
Ridgeway Ter. *EX39: Bide 1F* ***31***
(off Orchard Hill)
Riverbank Cotts. EX39: Bide 1F **31**
Riversdale Av. EX34: Ilfra 2C **6**
Riverside Apartments
EX36: S Mol 3H **35**
Riverside Cvn. Pk.
EX36: S Mol 1H **35**
Riverside Cl. EX39: Bide 1E **31**
Riverside Ct. *EX31: B'aple 6C* ***18***
(off Castle St.)
EX39: Bide 1F **31**
(not continuous)
Riverside Rd. EX31: B'aple 5H **17**
EX35: Lynm 1C **34**
Riverside Units EX31: B'aple 5G **17**
Riversmeet EX39: App 1H **29**
River Vw. EX32: B'aple 3F **25**
River Vw. Commercial Cen.
EX31: B'aple 5A **18**
RMB Chivenor EX31: C'nor 3G **15**
Robins Hill EX39: Bide 1C **30**
ROBOROUGH 3E **19**
Roborough Rd.
EX31: B'aple, Shir 3D **18**
Rock, The EX31: B'aple 4C **18**
Rock & Rapid Adventures 1G **35**
Rock Av. EX32: B'aple 2D **24**
EX35: Lynt 2A **34**
Rockcliffe Ct. EX34: Ilfra 2E **7**
Rockfield Rd. EX34: Wool 4B **4**
Rock Gdns. EX32: B'aple 2D **24**
Rock Hill EX33: Brau 5E **13**
EX33: Geo 2H **11**
EX34: Ber 5A **8**
Rock La. *EX34: C Mar 5G* ***9***
(off Castle St.)
Rock Lodge Pk. EX35: Lynt 2B **34**
Rockmount Ter. *EX39: Bide 3E* ***31***
(off Myrtle Gro.)
Rock Pk. Ter. *EX32: B'aple 1D* ***24***
(off Park Ter.)
Rocky La. EX34: C Mar 3F **9**
Rodney La. *EX34: Ilfra 2E* ***7***
(off Quayfield Rd.)
Rogers Cres. EX39: Bide 3H **31**
Rolle Ct. *EX38: G Tor 3E* ***33***
(off New St.)
Rolle Quay EX31: B'aple 6B **18**
Rolle Rd. EX38: G Tor 3C **32**
Rolle St. EX31: B'aple 5B **18**
Rolle Ter. EX38: G Tor 3D **32**
Rooks Cl. EX31: Rou 2G **23**
Rooks Farm Rd. EX31: Yell 3F **21**
Rooks Nest EX31: Frem 2B **22**
Ropery Rd. EX34: Ilfra 2E **7**
Rope Wlk. EX39: Bide 3E **31**
Rosalie Ter. *EX34: Wool 5B* ***4***
(off Arlington Rd.)
Roscoff Cl. EX38: G Tor 3G **33**
Rosea Bri. La. EX34: C Mar 3E **9**
Rose La. EX32: B'aple 2F **25**
Rose Lawn EX32: Swim 5G **27**
Roselyn Ter. EX31: B'aple 5B **18**
Rosemoor Rd. EX38: G Tor 3G **33**
Rosewood Gro. EX31: Rou 2H **23**
ROUNDSWELL 3G **23**
Roundswell Bus. Pk.
EX31: Rou 4G **23**
Rowan Pk. EX31: Rou 3H **23**
Rowe Cl. EX39: Bide 5D **30**
Rows La. EX34: C Mar 5G **9**
Royal Clarence Apartments
EX34: Ilfra 2D ***6***
(off Regent Pl.)
Royal North Devon Golf Course
. . . . .3D **28**
Royston Rd. EX39: Bide 4D **30**
Ruda Holiday Pk. EX33: Croy 2B **10**
(not continuous)
Rudyard Way EX39: W Ho 5A **28**
Ruggaton La. EX34: Ber 5A **8**
RUMSAM 3E **25**
Rumsam Cl. EX32: B'aple 3E **25**
Rumsam Gdns. EX32: B'aple 3E **25**
Rumsam Mdws.
EX32: B'aple 3E **25**
Rumsam Rd. EX32: B'aple 3E **25**
Runnacleave Cres. *EX34: Ilfra 2D* ***6***
(off Runnacleave Rd.)
Runnacleave Rd. EX34: Ilfra 2D **6**
Rupertswood Ter. *EX34: Ilfra 2E* ***7***
(off Hillsborough Rd.)
Rushcott Cl. EX31: Yell 3F **21**
Russell Cl. EX32: Land 2D **26**

S

Sabre Wlk. *EX32: B'aple 5E* ***19***
(off Oliver Rd.)
Sage Pk. Rd. EX33: Brau 4C **12**
St Andrews Rd. EX31: Frem 1A **22**
St Anne's Chapel *6C* ***18***
(off Butchers Row)
St Brannock's Hill EX33: Brau 4E **13**
St Brannock's Pk. Rd.
EX34: Ilfra 3D **6**
St Brannock's Rd. EX34: Ilfra 3D **6**
St Brannock's Well Cl.
EX33: Brau 4E **13**
Sainte Honorine Du Fay Cl.
EX32: Swim 5H **27**
St George's Rd. EX32: B'aple 5C **18**
St George's Ter. EX32: B'aple 5C **18**
St Helen's Cl. EX33: Croy 3C **10**
St James Cl. EX32: Land 3D **26**
St James Pl. EX34: Ilfra 2E **7**
St Johns Cl. EX32: B'aple 2F **25**
St John's La. EX32: B'aple 3F **25**
St Josephs Cl. EX32: B'aple 3F **25**
St Katherine's Cl. EX31: Yell 2F **21**
St Keyes Cl. EX32: Land 2B **26**
St Margarets Gdn. EX31: B'aple . . .5C **18**
St Mary's Cl. EX38: G Tor 4D **32**
St Mary's Flats *EX39: Bide 4E* ***31***
(off Buttgarden St.)
St Mary's Rd. EX32: B'aple 5D **18**
EX33: Croy 3D **10**
St Peters Rd. EX31: Frem 2A **22**
St Peter's Ter. *EX31: B'aple 6C* ***18***
(off Butchers Row)
St Peters Ter. *EX34: Ilfra 3E* ***7***
(off Highfield Rd.)
St Teresa's Cl. EX39: Nort 4E **29**
St Teresa's Ct. *EX39: Nort 4E* ***29***
(off St Teresa's Cl.)
Salem Sq. *EX32: B'aple 1D* ***24***
(off Trinity St.)
Salem St. EX32: B'aple 1D **24**
Salterns Ter. EX39: Bide 3F **31**
Saltmer Cl. EX34: Ilfra 6C **6**
Saltpill Duck Pond (Nature Reserve)
. . . . .6H **15**
Salt Wood La. EX34: C Mar 4D **8**
(not continuous)
Sampson's Plantation
EX31: Frem 3H **21**
Sanctuary Cl. EX32: B Taw 6E **25**
Sandaway Beach Holiday Pk.
EX34: Ber 3D **8**
Sandaway La. EX34: Ber 3D **8**
Sanders La. EX32: B Taw 6E **25**
Sandford Cl. EX32: B'aple 4G **25**
Sandfords Gdns. EX38: G Tor 4D **32**
Sandhills EX39: Ins 4C **20**
Sandpiper Ct. EX34: Wool 5D **4**
Sandringham Gdns.
EX31: B'aple 4H **23**
Sandy La. EX33: Croy 3B **10**
EX33: Vel 2A **14**
EX34: Wool 5B **4**
Sandymere Rd. EX39: Nort 3D **28**
Sandy Way EX33: Croy 4C **10**
SAUNTON 6F **11**
Saunton Beach Vs.
EX33: Saunt 6D **10**
Saunton Cl. EX33: Brau 5D **12**
Saunton Golf Course 6F **11**
Saunton Rd. EX33: Brau, Saunt . . .6C **10**
Savoy M., The EX36: S Mol 3G **35**
Saw Mill Ct. *EX31: B'aple 5C* ***18***
(off Mills Way)
Saxons Cft. EX32: B'aple 2F **25**
School Cl. EX31: Frem 2B **22**
School La. EX32: B Taw 6E **25**
EX38: G Tor 2E **33**
Score Vw. EX34: Ilfra 5E **7**
Scott Av. EX39: App 2H **29**
Scott Cinemas
The Central Cinema 6C **18**
Scratchface La. EX39: Bide 6A **30**
Scurfield Cl. EX33: Brau 4E **13**
Seafield Pk. EX39: W Ho 4A **28**
Searle Ter. EX39: Nort 4F **29**
Seaside EX34: C Mar 3E **9**
Sea Vw. EX34: Ilfra 4G **7**
Sea Vw. Pl. *EX39: App 2H* ***29***
(off New Quay St.)
Sea Vw. Rd. EX39: Nort 4E **29**
Second Fld. La. EX33: Brau 6D **12**
Selborne Cl. *EX33: Brau 6E* ***13***
(off Barton La.)
Sentry Cnr. EX39: Bide 4G **31**
Sentry La. EX32: B Taw 6E **25**
Seven Acre La. EX33: Brau 6F **13**
Seven Acres Pk. EX33: Brau 6F **13**
Seven Brethren Bank
EX31: B'aple 1C **24**
Seventh St. *EX32: B'aple 5C* ***18***
(off King Edward St.)
Severn Brethren Ind. Est.
EX31: B'aple 2C **24**
Seymour Vs. EX34: Wool 4D **4**
Shackhayes EX34: C Mar 3F **9**
Shaftesbury Rd. EX34: Ilfra 3E **7**
Shaftsborough La. EX34: Linc 2H **5**
Shamble Way EX35: Lynt 5D **34**
Shamrock Cl. EX39: W Ho 4D **28**
Shamwickshire Cl. EX39: Bide 4G **31**
Sharland's La. EX33: Brau 5D **12**
Sharpland La. EX33: Puts 1D **10**
Sharp Rock EX34: Mort 3B **4**
Shearford La. EX31: B'aple 3C **18**
Sherratt's Oak EX31: B'aple 4E **19**
Shields, The EX34: Ilfra 4D **6**
(not continuous)
Shieling Rd. EX31: Bick 2E **23**
Shirwell Rd. EX31: B'aple, Shir . . .2D **18**
Shorelands Rd. EX31: B'aple 2A **24**
Shorelands Way EX31: B'aple 2A **24**
Shoreland Way EX39: W Ho 4D **28**
Shortacombe Dr. EX33: Brau 4C **12**
Short Cl. EX39: Bide 3B **30**
Shrubbery Cl. EX32: B'aple 2F **25**
Shute La. EX34: C Mar 4F **9**
Signal Ct. EX33: Brau 6E **13**
Signal Ter. EX31: B'aple 1B **24**
Silford Cross EX39: W Ho 6B **28**

Silford Rd.—Waterlands

Silford Rd. EX39: Nort 6D 28
Silvan Dr. EX33: Brau 4F 13
Silver Birch Ct. EX31: Rou 3H 23
Silver Birch Vw.
EX32: B'aple 5E 19
Silver St. EX32: B'aple 6C 18
EX33: Brau 4E 13
EX34: Ber 4B 8
EX39: App 2H 29
EX39: Bide 4E 31
Silverwood Hgts.
EX32: B'aple 5E 19
Sinai Hill EX35: Lynt 2B 34
Sings La. EX33: Brau 6E 13
Skern Cl. EX39: Nort 3E 29
Skern Lodge Activity Cen. 1G 29
Skern Way EX39: Nort 3E 29
Skirhead La. EX34: C Mar 5H 9
Skylark Spinney EX31: Rou 3F 23
Slade EX39: Bide 3C 30
Slade Rd. EX34: Ilfra 5C 6
Slade Valley Rd. EX34: Ilfra 4C 6
Sloe La. EX32: Land 2C 26
Smoky Ho. La. EX31: B'aple 3E 19
EX32: Snap 3E 19
Soloman Dr. EX39: Bide 4E 31
Somerset Pl. *EX31: B'aple 6C 18*
(off Wells St.)
Somerthing La. EX33: Croy 4C 10
Sommers' Cres. EX34: Ilfra 2E 7
South Av. EX39: Bide 4H 31
Sth. Bank Dr. EX39: Bide 3D 30
Sth. Burrow Rd. EX34: Ilfra 3D 6
Southcliffe EX32: B Taw 6E 25
South Cl. *EX33: Brau 6E 13*
(off South St.)
SOUTHCOTT 1H 31
Southcott Rd. EX39: Bide 1D 30
South Dr. EX38: G Tor 3D 32
South End Cl. EX33: Brau 6E 13
Southern Gdns. *EX34: C Mar 4F 9*
(off Valley La.)
Southfield Rd. EX39: Bide 4G 31
South Grn. EX32: B'aple 1E 25
Sth. Hayes Copse EX32: Land 2C 26
Southlands *EX33: Brau 6E 13*
(off Exeter Rd.)
EX33: Wraf 1F 15
South La. EX33: Boo 3H 13
Southlea EX39: Nort 5D 28
South Lea Cl. EX33: Brau 6F 13
Southley Rd. EX36: S Mol 3F 35
SOUTH MOLTON 3F 35
South Molton & District Mus. 3F 35
SOUTH MOLTON HOSPITAL 3F 35
South Molton Swimming Pool 3G 35
Southolme Ter. EX39: Bide 3F 31
South Pk. EX32: B'aple 2E 25
EX33: Brau 6G 13
South Rd. EX39: App 2H 29
South St. EX32: B'aple 3E 25
(not continuous)
EX33: Brau 1E 15
EX34: Wool 5B 4
EX36: S Mol 3F 35
EX38: G Tor 3E 33
South Vw. EX31: B'aple 4A 18
EX32: B Taw 5D 24
EX33: Brau 1E 15
EX34: Ilfra 4B 6
South Vw. Cl. EX33: Brau 1E 15
South Vw. Ter. EX39: Bide 3D 30
South Wlk. EX32: B'aple 1D 24
Southwood Dr. EX39: Bide 2E 31
Sowden La. EX32: B'aple 6E 19
(not continuous)
Sowden Pk. EX32: B'aple 1F 25
Spearfield Cl. EX36: S Mol 3G 35
Speedwell Cl. EX32: B'aple 2H 25
EX39: Bide 5D 30
Spitfire Wlk. *EX32: B'aple 6F 19*
(off Valley Cl.)
Spring Cl. EX39: Nort 5D 28
Springfield Av. EX32: B'aple 2E 25
Springfield Cres. EX31: Frem 1C 22
EX39: Nort 4E 29
Springfield Rd. EX31: Bick 2G 23
EX34: Ilfra 3D 6
EX34: Wool 5B 4
Springfield Ter. EX34: C Mar 5F 9
EX39: Bide 4F 31
(off Grange Rd.)
EX39: Nort 4E 29
(off Diddywell Rd.)
EX39: W Ho 4B 28
Spring Flower Av. EX32: B'aple 1F 25
Spurway Gdns. EX34: C Mar 5H 9
Square, The EX31: Frem 2B 22
EX32: B Taw 6E 25
EX32: B'aple 6C 18
EX32: Swim 4G 27
EX33: Brau 5E 13
Square, The *EX36: S Mol 3F 35*
(off Broad St.)
EX39: Nort 4E 29
Squires Cl. EX32: B'aple 3E 25
Staddon Cl. EX33: Brau 5D 12
Staddon Rd. EX39: App 2G 29
Staggers La. EX33: Wraf 2G 15
Stallards EX33: Brau 4D 12
Stanbridge Pk. EX39: Bide 3B 30
Stanbury Copse EX34: Ilfra 4C 6
Stanbury Rd. EX33: Know 1F 13
Stanhope Ter. EX39: Bide 2E 31
Stanwell Dr. EX39: W Ho 5B 28
Stanwell Hill EX39: W Ho 5A 28
Station Cl. EX33: Brau 6E 13
Station Hill EX32: Swim 4H 27
EX35: Lynt 2B 34
EX38: G Tor 2B 32
EX39: Bide 4F 31
Station Rd. EX31: B'aple 1C 24
EX33: Brau 6E 13
EX34: Ilfra 3C 6
EX34: Wool 5D 4
EX36: S Mol 2G 35
Steep La. EX32: Swim 1G 27
Stella Maris Ct. EX39: Bide 2E 31
Stentaway La. EX33: Croy, Puts 2C 10
Stepstone La. EX33: Know 1F 13
STICKLEPATH 2A 24
Sticklepath Ct. EX31: Taw 2B 24
Sticklepath Hill EX31: B'aple 2A 24
Sticklepath Ter. EX31: B'aple 1C 24
Stoat Pk. EX32: B'aple 1G 25
Stoats Cl. EX36: S Mol 5F 35
Stock Hill EX35: Bar 5A 34
Stockland La. EX33: Win 1G 13
Stock Rd. EX35: Bar 6B 34
Stoneman's La. EX38: G Tor 2E 33
Stoneywell EX39: Ins 5B 20
Stony La. EX32: Land 5B 26
EX39: App 2G 29
Strand, The EX31: B'aple 6C 18
EX34: Ilfra 2E 7
(off Hierns La.)
EX39: Bide 3E 31
Strand Cl. EX31: Ashf 2F 17
Strand Ct. EX39: Bide 2E 31
Strand La. EX31: Ashf 3E 17
Stucley Rd. EX39: Bide 4C 30
Style Cl. EX32: B'aple 3E 25
Summer Ho. Hill Path
EX35: Lynt 4C 34
Summerhouse Path
EX35: Lynm 2C 34
Summerland Pl. *EX32: B'aple 1D 24*
(off Summerland St.)
Summerland St. EX32: B'aple 6D 18
Summerland Ter. *EX32: B'aple 6D 18*
(off Summerland St.)
EX34: C Mar 4F 9
Sunflower Rd. EX32: B'aple 6D 18
Sunningdale Ter. *EX39: Bide 2E 31*
(off Northam Rd.)
Sunny Bank EX32: B'aple 1E 25
(not continuous)
Sunny Lyn Holiday Pk.
EX35: Lynt 4B 34
Sunny Side *EX33: Brau 6E 13*
(off South St.)
Sunnyside EX34: C Mar 5G 9
EX34: Wool 6G 5
EX39: Bide 4F 31
Sunnyside Rd. EX34: Wool 5B 4
Sunnyside Ter. EX35: Lynt 2B 34
Sunset Hgts. EX32: B'aple 6D 18
Surf Bay Cvn. Pk. EX39: W Ho 3C 28
Swallow Cl. EX32: B'aple 1H 25
Swallow Fld. EX31: Rou 3F 23
Swanpool Marsh Nature Reserve
5B 12
Swanswood Gdns. EX39: W Ho 4C 28
SWIMBRIDGE 5H 27
Swimbridge Ct. EX32: Swim 3H 27
SWIMBRIDGE NEWLAND 3D 26
Sycamore Cl. *EX39: Ins 5C 20*
(off Marine Pde.)

T

TADDIPORT 4D 32
Tadworthy Rd. EX39: Nort 4D 28
Tamar Rd. EX31: C'nor 3A 16
Tanners Rd. EX32: Land 2D 26
TANTON'S PLAIN 2E 33
Tarka La. EX34: Wool 6G 5
Tarka Tennis Cen. 2C 24
Tarry La. *EX34: Ilfra 3D 6*
(off Belvedere Rd.)
Tavern M. EX38: G Tor 3E 33
Taw Ct. EX32: B'aple 1D 24
Taw Cres. EX31: C'nor 4A 16
Taw Mdw. Cres. EX31: Frem 1C 22
Taw Rd. EX31: C'nor 3A 16
TAWSTOCK 6C 24
Taw Trade Pk. EX31: B'aple 5B 18
Taw Vale EX32: B'aple 1C 24
Taw Vale Pde. *EX32: B'aple 1C 24*
(off Taw Vale)
Taw Vw. EX31: Frem 1C 22
Taw Vw. Ter. EX32: B Taw 5D 24
Tennacott Hgts. EX39: Bide 5H 31
Tennacott La. EX39: Bide 5H 31
Terrace, The EX33: Brau 5E 13
Tews La. EX31: Bick, Rou 2F 23
Tewsley Cl. EX31: Bick 2F 23
The ....
Names prefixed with 'The' for example 'The Brittons' are indexed under the main name such as 'Brittons, The'
Theatre La. *EX31: B'aple 6C 18*
(off The Strand)
Thornes Ter. EX36: S Mol 3F 35
Thornlea Av. EX31: Frem 2A 22
Thornton Cl. EX39: Bide 3C 30
Tomouth Cres. EX39: App 2H 29
Tomouth Rd. EX39: App 2H 29
Tomouth Sq. EX39: App 2H 29
Tomouth Ter. EX39: App 2H 29
Tom Sanders Cl.
EX34: C Mar 5G 9
Tom's Fld. EX33: Croy 2C 10
Torridge Bri. EX39: Nort 1F 31
Torridge Cl. *EX39: Bide 4F 31*
(off Torrington La.)
Torridge Hill EX39: Bide 4E 31
Torridge Mt. EX39: Bide 4F 31
Torridge Pl. EX39: Bide 4F 31
Torridge Pool 4F 29
Torridge Rd. EX31: C'nor 3A 16
EX39: App 1G 29
Torridge St. EX39: Bide 4F 31
Torridge Vw. EX38: G Tor 3D 32
EX39: Bide 4E 31
Torrington 1646 4E 33
TORRINGTON HOSPITAL 3F 33
Torrington La. EX39: Bide 4F 31
Torrington Mus. 3F 33
Torrington Pool 3F 33
Torrington Sports Hall 3G 33
Torrington St. EX39: Bide 4F 31
Torrs Pk. EX34: Ilfra 4C 6
Torrs Wlk. Av. EX34: Ilfra 2C 6
Tors Pk. EX35: Lynm 2D 34
Tors Rd. EX35: Lynm 2D 34
Tors Vw. EX39: W Ho 5A 28
Torville Pk. EX39: W Ho 4C 28
Tourist Info. Cen.
Barnstaple 1C 24
Bideford 2E 31
Braunton 5E 13
Combe Martin 3E 9
Great Torrington 4F 33
Ilfracombe 2D 6
Lynton 1B 34
South Molton 3F 35
Woolacombe 5B 4
Touts Ct. *EX36: S Mol 3G 35*
(off East St.)
Tower Pk. EX36: S Mol 4F 35
Tower St. *EX39: Bide 4E 31*
(off Buttgarden St.)
EX39: Nort 4E 29
Town Farm Ct. EX33: Brau 5D 12
Town Mill Ct. *EX31: B'aple 5C 18*
(off Mills Way)
Town Pk. EX38: G Tor 3E 33
Towns End EX33: Brau 5D 12
Town Wlk. EX32: B'aple 1E 25
Trafalgar Dr. EX38: G Tor 2E 33
Trafalgar Gdns. EX32: B'aple 2D 24
Trafalgar Lawn EX32: B'aple 2D 24
Treefield Wlk. *EX32: B'aple 1G 25*
(off Barton Rd.)
Trelawney Ct. *EX39: Nort 4F 29*
(off Diddywell Rd.)
Trenode Av. EX34: C Mar 4E 9
Trent Cl. EX39: Bide 5H 31
Trigley La. EX36: S Mol 4F 35
Trimstone La. EX34: Wool 6H 5
Trinity Ct. *EX39: W Ho 5A 28*
(off Atlantic Way)
Trinity Gdns. EX34: Ilfra 3C 6
Trinity Pl. EX32: B'aple 1D 24
Trinity St. EX32: B'aple 1D 24
Trouville *EX32: B'aple 6D 18*
(off Bevan Rd.)
Tucking Mill La. EX36: S Mol 3G 35
Tudor Cl. EX39: Nort 5E 29
Tudor Dr. EX31: B'aple 3H 23
Tuly St. EX31: B'aple 6C 18
Tunnels Beaches 2C 6
Tute's La. EX34: C Mar 3G 9
Twitchen Ho. Holiday Pk.
EX34: Wool 3D 4
Two Rivers Ind. Est.
EX31: B'aple 5A 18
Two Trees Rd. EX31: Frem 2A 22
Tylers Mdw. EX38: G Tor 3G 33

U

Ultimate Adventure Cen. 3A 30
Umber Cl. EX34: C Mar 3E 9
Under Minnow Rd.
EX31: B'aple 4B 18
Union Cl. EX39: Bide 4D 30
Union Ter. EX31: Bick 1F 23
EX32: B'aple 1D 24
(off Litchdon St.)
UPCOTT 6D 30
Upcott Av. EX31: B'aple 5H 17
Upcott Hill EX31: Ashf, Cher 2H 17
EX39: Bide 6E 31
Upper Claypark EX34: Mort 3B 4
Upper Torrs EX34: Ilfra 3B 6
Upton Rd. *EX39: Bide 4F 31*
(off Nutaberry Hill)
Usticke La. EX34: C Mar 5H 9

V

Vale Cl. EX32: B'aple 5D 18
Valley Cl. EX32: B'aple 6E 19
Valley La. EX34: C Mar 4F 9
Valley of Rocks, The 1A 34
Valley Vw. EX32: Land 3D 26
EX39: Bide 3B 30
VELATOR 1E 15
Velator Cl. EX33: Brau 1E 15
Velator Dr. EX33: Vel 1E 15
Velator Ind. Est. EX33: Vel 1E 15
Velator La. Av. EX33: Brau 6E 13
Velator Rd. EX33: Vel, Wraf 1E 15
Vellator Way EX33: Brau 1E 15
Venlock Cl. EX32: B'aple 1G 25
VENN 5H 25
Venn Cl. EX39: Ins 4D 20
Venn Rd. EX32: B'aple, Land 4F 25
Vention La. EX33: Puts 1D 10
Venton Dr. EX39: W Ho 4C 28
(not continuous)
Vernon's La. EX39: App 1H 29
Verona Ct. EX32: B'aple 5D 18
Vicarage Lawn EX32: B'aple 6C 18
Vicarage Rd. EX32: Land 2B 26
Vicarage St. EX32: B'aple 6C 18
Vickers Ground EX39: Nort 3E 29
Victoria Cl. EX32: B'aple 1E 25
Victoria Cres. EX39: App 1H 29
Victoria Gdns.
EX39: Bide 4E 31
Victoria Gro. EX39: Bide 4E 31
Victoria Lawn EX32: B'aple 1E 25
Victoria Pl. *EX35: Lynt 2B 34*
(off Lydiate La.)
EX36: S Mol 2F 35
Victoria Rd. EX32: B'aple 1D 24
(not continuous)
EX34: Ilfra 3D 6
Victoria St. EX32: B'aple 1E 25
EX34: C Mar 5G 9
Victoria Ter. EX32: B'aple 1D 24
EX39: Bide 3E 31
(off Honestone St.)
EX39: Ins 6B 20
Victory Way EX38: G Tor 2E 33
Villa Cl. EX32: B'aple 3E 25
Village St. EX32: B Taw 6E 25
Villa Rd. EX38: G Tor 3E 33
Vinegar Hill EX39: Bide 3F 31
Virginia Cl. EX39: Bide 4E 31
Vollature La. EX34: Lee 1H 5

W

Wakeham Ct. *EX33: Brau 1F 15*
(off Exeter Rd.)
Walkers Chocolate Emporium 2D 6
Walnut Way EX32: B'aple 1G 25
Walters Fld. EX31: Bick 4F 23
Walton Way EX32: B'aple 6E 19
Warcombe Farm Camping Pk.
EX34: Mort 3F 5
Warcombe La. EX34: Mort 4F 5
Warfield Vs. EX34: Ilfra 3E 7
Warren Cl. EX38: G Tor 3D 32
Warren La. EX38: G Tor 3D 32
Warren Vw. EX39: Bide 3C 30
Warwick Ter. EX32: B'aple 5C 18
Waterlands *EX34: Ilfra 2E 7*
(off Quayfield Rd.)

A-Z Barnstaple 43

Water La.—Zion's Pl.

Water La. EX32: B'aple 2E 25	Westcroft Ct. EX39: Bide 4E 31	Widgery Dr. EX36: S Mol 3F 35	Wood La. EX34: C Mar 6H 9
EX34: C Mar 4F 9	Westcroft Ter. EX39: App 1H 29	Wilder Pk. EX34: Ilfra 3D 6	Woodlark La. EX31: Rou 3F 23
Water La. Cl. EX32: B'aple 2E 25	West Cross EX34: Brau 5E 13	Wilder Rd. EX34: Ilfra 2C 6	Wood Pk. La. EX34: Ber 5A 8
(off Water La.)	(off Caen St.)	Wildersmouth Ct. EX34: Ilfra 2D 6	Woodside Ct. EX31: Rou 3G 23
Waterloo Ter. EX39: Bide 4D 30	West Croyde EX33: Croy 4B 10	Wilkey Cl. EX32: B'aple 1E 25	EX35: Lynm 2D 34
WATERMOUTH **1A 8**	West End EX31: B'aple 5B 18	Willand Rd. EX33: Brau 5D 12	Woodville EX31: B'aple 1H 23
Watermouth Castle **1A 8**	West End Ter. EX36: S Mol 3F 35	Willet St. EX39: Bide 3E 31	Woodville Cl. EX31: B'aple 1H 23
Watermouth Cove Holiday Pk.	Wester-Moor Cl. EX31: Rou 3F 23	Williams Cl. EX33: Wraf 1F 15	Woody La. EX35: Lynt 4D 34
EX34: Ber 1A 8	(off Wester-Moor Way)	Williams Ct. EX31: Rou 3H 23	**WOOLACOMBE**
Watermouth Lodges EX34: Ber . . 2A 8	Wester-Moor Dr. EX31: Rou 3F 23	Williamson Cl. EX33: Geo 2G 11	**Woolacombe & Mortehoe Golf Course**
Watermouth Rd. EX34: Ilfra 3G 7	Wester-Moor Way	Williamson Way EX36: S Mol 3F 35	. . . . **2D 4**
Watermouth Valley Camping Pk.	EX31: Rou 3F 23	**WILLINGCOTT** **6H 5**	Woolacombe Bay Holiday Village
EX34: Ber 1A 8	Western Av. EX39: App 1H 29	Willingcott Hill EX34: Wool 6H 5	EX34: Wool 4D 4
Watermouth Yacht Club **1A 8**	Western Gdns. EX34: C Mar 4F 9	Willingcott Valley EX34: Wool 6H 5	Woolacombe Ct. EX34: Wool 5C 4
Water Pk. Rd. EX39: Bide 3C 30	Western Ri. EX34: Wool 5D 4	**Willingcott Valley Golf Course** . . **6H 5**	Woolacombe Ri. EX34: Wool 5E 5
Watersmeet Rd. EX35: Lynm 2C 34	Western Ter. EX31: B'aple 6B 18	Willoway Cl. EX33: Brau 5D 12	Woolacombe Sands Holiday Pk.
Water Ter. EX34: C Mar 4F 9	EX34: Ilfra 4C 6	Willoway Gro. EX33: Brau 5D 12	EX34: Wool 5D 4
WATERTOWN **2F 29**	Wester Way EX35: Lynm 1C 34	Willoway La. EX33: Brau 3C 12	Woolacombe Sta. Rd.
Watery La. EX33: Brau 6G 13	Westfield Av. EX31: B'aple 1A 24	Willowfield EX33: Ilfra 3F 7	EX34: Wool 5E 5
EX33: Croy 3D 10	West Hill La. EX33: Brau 5E 13	Willowfield Rd. EX33: Brau 4D 12	Woolbarn Lawn EX32: B'aple 1G 25
EX34: C Mar 4G 9	Westlands EX33: Wraf 1F 15	Willowfield Lake EX33: Vel 1A 14	Woolhanger's La. EX34: Ber 5C 8
EX38: G Tor 3G 33	**WEST LYN** **4D 34**	Willow Gro. EX39: Bide 5B 30	Wordsworth Av. EX31: B'aple 4C 18
(Roscoff Cl.)	West Lyn Rd. EX35: Lynt 5C 34	Willows, The EX31: Frem 2H 21	**WORLINGTON** **5D 20**
EX38: G Tor 4D 32	Westmead Cl. EX33: Brau 5D 12	Willow Tree Ct. EX31: Rou 3G 23	Worlington Hill EX39: Ins 5C 20
(St Mary's Cl.)	West Mdw. Cl. EX33: Brau 4C 12	Willow Tree Rd. EX32: B'aple 3E 25	Worth Rd. EX34: Ilfra 3E 7
Watkins Way EX39: Bide 3G 31	West Mdw. Rd. EX33: Brau 5B 12	Willshere Rd. EX32: B'aple 1F 25	**WRAFTON** **1F 15**
Waverley Ter. EX35: Lynt 2B 34	W. Moor Cl. EX39: Nort 3E 29	Wimborne Ter. EX32: B'aple 5D 18	Wrafton Rd.
(off Lydiate La.)	W. Moor Way EX39: Nort 3E 29	(off Yeo Vale Rd.)	EX33: Brau, Wraf 6E 13
Wayfaring EX32: B'aple 2G 25	West Pk. EX33: Brau 5D 12	Windmill La. EX39: Nort 4F 29	Wren Cl. EX39: Nort 5F 29
Weirside Way EX32: B'aple 5E 19	EX36: S Mol 2E 35	Windsor Ct. EX34: Ilfra 3D 6	Wrey Av. EX31: B'aple 1A 24
Welch's La. EX31: Yell 3E 21	West Rd. EX34: Wool 5B 4	Windsor Gdns. EX31: Rou 4H 23	Wyndthorpe Gdns. EX34: Ilfra . . . 2E 7
Weld Pk. Av. EX34: Ilfra 3F 7	West St. EX36: S Mol 3F 35	Windsor Rd. EX31: B'aple 4B 18	(off Castle Hill)
Wellbrook Ter. EX39: Bide 4E 31	West Ter. EX38: G Tor 3D 32	EX39: Nort 4E 29	
Wellclose Rd. EX33: Brau 6E 13	West Vw. EX31: B'aple 1B 24	Windy Ash Hill EX32: B'aple 4F 25	
Well Pk. Rd. EX38: G Tor 3F 33	West Vw. Av. EX39: Bide 3F 31	**WINSHAM** **1G 13**	**Y**
Wells St. EX32: B'aple 6C 18	**WESTWARD HO!** **4B 28**	Winsham Rd.	
Well St. EX38: G Tor 3F 33	**WEST YELLAND** **3E 21**	EX33: Know, Win 2F 13	**YARNACOTT** **3H 21**
WESTACOTT **1H 25**	West Yelland EX31: Yell 4D 20	Winston Pk. EX36: S Mol 2F 35	Yellaford Way EX31: Bick 2G 23
Westacott Mdw. EX34: Ilfra 3C 6	Wet La. EX34: C Mar 5G 9	Witheridge Pl. EX34: Ilfra 3G 7	**YELLAND** **3F 21**
Westacott Rd. EX32: B'aple 2G 25	**WHIDDON** **3G 25**	Withywell La. EX33: Croy 4B 10	Yelland Rd. EX31: Frem, Yell 2F 21
WEST APPLEDORE **1H 29**	Whiddon Dr. EX32: B'aple 2G 25	Witten Gdns. EX39: Nort 6F 29	Yellaton La. EX34: C Mar 6H 9
West Av. EX31: B'aple 2A 24	Whiddon Valley EX32: B'aple 2G 25	Wooda Rd. EX39: Nort 3G 29	Yeo Dr. EX35: App 2H 29
Westaway EX31: Frem 2B 22	Whiddon Valley Ind. Est.	Wood Fld. Av. EX31: Bick 4F 23	Yeoland La. EX32: Swim 4H 27
Westaway Cl. EX31: B'aple 4D 18	EX32: B'aple 2G 25	Woodford Gdns. EX32: B'aple 3F 25	Yeo Rd. EX31: C'nor 3A 16
Westaway Hgts. EX31: B'aple . . . 3D 18	Whitegates EX34: C Mar 4E 9	Woodland Cl. EX32: B'aple 1H 25	Yeo Vale Rd. EX32: B'aple 5C 18
Westaway Plain EX31: B'aple . . . 4C 18	Whitehall Cl. EX36: S Mol 4F 35	Woodland Ct. EX32: B'aple 1D 24	York Pl. EX31: Bide 2E 31
Westbeach Apartments	Whitehorse La. EX39: App 2F 29	(off Summerland St.)	York Ri. EX39: Bide 3D 30
EX34: Wool 5B 4	White Ho. Cl. EX39: Ins 5B 20	Woodland Pk. EX39: Nort 1E 31	Youings Dr. EX31: B'aple 3D 18
(off Beach Rd.)	Whitemoor Hill EX32: B Taw 6E 25	Woodlands EX34: C Mar 3D 8	Youngaton Rd. EX39: W Ho 4B 28
Westbourne Gro. EX34: Ilfra 3C 6	White's La. EX38: G Tor 3E 33	Woodlands Cl. EX33: Know 1F 13	
Westbourne Ter. EX34: C Mar 4G 9	Whites St. EX31: B'aple 4C 18	Woodlands Ent. Cen.	**Z**
EX39: W Ho 4B 28	Whitestone La.	EX36: S Mol 1F 35	
W. Challacombe La.	EX33: Know, Win 1F 13	Woodland Ter. EX39: Bide 3E 31	Zephyr Cres. EX32: B'aple 6E 19
EX34: C Mar 3F 9	Whiting Cl. EX39: Bide 5E 31	(off North Rd.)	Zion's Pl. EX32: B'aple 1C 24
Westcliffe EX32: B Taw 6E 25	Whittingham Rd. EX34: Ilfra 3E 7	Woodland Vw. EX31: H Pun 1H 15	(off Litchdon St.)
Westcombe La. EX39: Bide 3D 30	Wickham Rd. EX39: Bide 4G 31	EX35: Lynt 3C 34	

MIX
Paper from responsible sources
FSC® C004309
www.fsc.org

Copyright of Geographers' A-Z Map Company Ltd.

No reproduction by any method whatsoever of any part of this publication is permitted without the prior consent of the copyright owners.

The representation on the maps of a road, track or footpath is no evidence of the existence of a right of way.

SAFETY CAMERA INFORMATION

PocketGPSWorld.com's CamerAlert is a self-contained speed and red light camera warning system for SatNavs and Android or Apple iOS smartphones/tablets. Visit www.cameralert.com to download.

Safety camera locations are publicised by the Safer Roads Partnership which operates them in order to encourage drivers to comply with speed limits at these sites. It is the driver's absolute responsibility to be aware of and to adhere to speed limits at all times.

By showing this safety camera information it is the intention of Geographers' A-Z Map Company Ltd. to encourage safe driving and greater awareness of speed limits and vehicle speed. Data accurate at time of printing.